Answer Key
to Accompany
Student Activities Manual

FIFTH EDITION

Treffpunkt Deutsch

GRUNDSTUFE

E. Rosemarie Widmaier
McMaster University

Fritz T. Widmaier
McMaster University

Margaret Gonglewski
The George Washington University

PEARSON
Prentice Hall

woRLd Languages

Upper Saddle River,
New Jersey 07458

Acquisitions Editor: *Rachel McCoy*
Editorial Assistant: *Alex Soma*
Director of Marketing: *Kristine Suárez*
Senior Marketing Manager: *Denise Miller*
Senior Managing Editor: *Mary Rottino*
Project Manager: *Manuel Echevarria*
Project Manager: *Semjon Lukashov, Emilcomp/Preparé, Inc.*
Developmental Editor: *Karen Storz*
Illustrations: *Michael Widmaier*
Cover Concept: *Sabine Grosser*
Cover Images: *Christian Ohde* and *Marian Rene Menges*
Director, Image Resource Center: *Melinda Patelli*
Manager, Rights and Permissions: *Zina Arabia*
Manager, Visual Research: *Beth Brenzel*
Manager, Cover Visual Research & Permissions: *Karen Sanatar*
Prepress and Manufacturing Buyer: *Christina Amato*
Cover Art Director: *Jayne Conte*
Supplements Editor: *Meriel Martinez*
Senior Media Editor: *Samantha Alducin*
Marketing Coordinator: *William J. Bliss*
Publisher: *Phil Miller*

This book was set in 10/13 New Baskerville by Preparé, Inc.
and was printed and bound by Bind-Rite Graphics / Robbinsville.

© 2008, 2003 by Pearson Education
Upper Saddle River, NJ 07458

Printed in the United States of America
10 9 8 7 6 5

ISBN 0-13-158519-3
        978-0-13-158519-5

Pearson Education LTD., *London*
Pearson Education Australia PTY, Limited, *Sydney*
Pearson Education Singapore, Pte. Ltd
Pearson Education North Asia Ltd., *Hong Kong*
Pearson Education Canada, Ltd., *Toronto*
Pearson Educación de México, S.A. de C.V.
Pearson Education-Japan, *Tokyo*
Pearson Education Malaysia, Pte. Ltd
Pearson Education, *Upper Saddle River*, New Jersey

Table of Contents

ERSTE KONTAKTE

Arbeitsbuch

A E-1
2. Neun, acht, siebzehn
3. Elf, vier, sieben
4. Dreizehn, drei, sechzehn
5. Elf, fünf, sechs
6. Zwanzig, zwei, zweiundzwanzig
7. Vierzig, neun, einunddreißig
8. Hunderteins (Einhunderteins), zehn, einundneunzig

A E-2 Answers will vary.

A E-3A
1. a. Mühlendamm
   b. 72a (72 a)
   c. 22087
2. 040
3. 22 74 25 30 (22742530)
4. 54
5. 100

A E-3B
1. zweiundsiebzig a
2. zwei zwei null acht sieben
3. null vier null
4. zweiundzwanzig vierundsiebzig fünfundzwanzig dreißig (null vier null zweiundzwanzig vierundsiebzig fünfundzwanzig dreißig)
5. vierundfünfzig
6. hundert (einhundert)

A E-4
2. Die Lampe, vierundzwanzig
3. Die Vase, elf
4. Das Telefon, einunddreißig
5. Die Jacke, zwanzig
6. Der Fußball, zwölf
7. Das Weinglas, drei
8. Der Teddybär, vierzehn
9. Das Buch, sechzehn
10. Das Sweatshirt, sechs

A E-5 Universität, Teekanne, Ende, Name, Maus, Orchester, Restaurant, Garten, Europa, November, Guten Morgen (GUTEN MORGEN)

A E-6
2. ZDF
3. BRD
4. CDU
5. MAN
6. USA
7. BASF
8. EU
9. BZ
10. SPD
11. FDP
12. DSF

A E-7 1. CDU, SPD, FDP   4. ZDF
        2. BRD, USA, EU   5. BZ, WAZ
        3. DSF   6. MAN, BASF

A E-8 1.   FLORIAN: Hallo! Ich bin Florian und das ist Tina.
              LORI: Woher seid ihr? (Woher kommt ihr?)
              TINA: Ich bin aus Hamburg und Florian ist aus Innsbruck. (Ich komme aus Hamburg und Florian kommt aus Innsbruck.) (Ich bin aus Hamburg und Florian kommt aus Innsbruck.) (Ich komme aus Hamburg und Florian ist aus Innsbruck.)

        2.   FRAU STOLZ: Entschuldigung, sind Sie Frau Meyer?
          FRAU BERG: Nein, mein Name ist Berg. (Nein, ich heiße Berg.)

Hören und Sprechen

H E-1 1. b   2. a   3. c   4. b

H E-2 1. b   2. a   3. b   4. a   5. a   6. b

H E-3 1. Konversation B   5. Konversation A
        2. Konversation A   6. Konversation B
        3. Konversation A   7. Konversation B
        4. Konversation B

H E-4 1. richtig   4. falsch
        2. falsch   5. richtig
        3. richtig

H E-5 1. 17   3. 16   5. 37
        2. 23   4. 6   6. 45

H E-6 1. O 63   4. I 29   7. I 30
        2. B 5   5. G 46   8. Nein
        3. N 33   6. B 2

H E-7 1. 2, 6, 8   4. 12, 3, 9
        2. 15, 4, 19   5. 70, 10, 60
        3. 30, 12, 42   6. 100, 20, 80

H E-8 1. 34 15 22   3. 52 40 17
        2. 81 11 60   4. 44 75 16

H E-9 1. Rom   6. Lissabon
        2. Genf   7. Brüssel
        3. Athen   8. Wien
        4. Köln   9. Warschau
        5. Moskau   10. Zürich

H E-10 a. 3   b. 6   c. 5   d. 2   e. 7   f. 1   g. 4

H E-11 1. Stobbe
            2. Lorenz
            3. Coppenrath
            4. Morovska
            5. Schaefer
            6. Newman

H E-12 1. Berg
            2. Hamburg
            3. München
            4. 15

H E-13 Answers will vary.

K A P I T E L 1

Arbeitsbuch

A 1-1   **A.** 1. die Lampe   5. das Gras   9. der Hammer
           2. die Tomate   6. die Vase   10. der Fußball
           3. die Karotte   7. die Butter   11. der Fisch
           4. der Freund   8. der Schuh   12. der Ring

        B. -e

        C. der Name, der Bulle

A 1-2   1. Die, der, der, die
        2. die Mutter, die Frau, der Mann, der Vater, die Schwester, die Tochter, der Sohn, der Bruder

A 1-3   1. Freund   5. Adresse   8. Name
        2. Die Musik   6. Die Milch   9. Mutter
        3. der Pullover   7. das Barometer   10. Der Computer
        4. Telefonnummer

A 1-4   1. die Klarinetten   5. die Hotels   9. die Finger
        2. die Hämmer   6. die Fußbälle   10. die Häuser
        3. die Wörter   7. die Millionen   11. die Knackwürste
        4. die Amerikanerinnen   8. die Arme

A 1-5   1. Sekunden   6. ein Jahrhundert
        2. Eine, Tage   7. Studenten (Professoren),
        3. ein Jahr   Professoren (Studenten), eine
        4. Ein, Monate   8. Ein, Hände, Finger, eine
        5. Wochen, ein   9. Ein, Hörner

A 1-6   2. Kein Tag – fact   7. Kein Metall – opinion   12. Keine Frucht – opinion
        3. Keine Blume – opinion   8. Kein Tenor – opinion   13. Kein Kontinent – opinion
        4. Kein Wein – opinion   9. Kein Monat – fact   14. Keine Rockgruppe – opinion
        5. Kein Land – opinion   10. Keine Violine – fact   15. Keine Sinfonie – opinion
        6. Kein Planet – fact   11. Keine Jahreszeit – opinion

A 1-7   1. < Ich bin aus Bombay.
2. > Regnet es noch?
   < Nein, jetzt scheint die Sonne wieder, aber es ist noch sehr windig.
3. > Wie heiß ist es heute?
   < Das Thermometer zeigt fast dreißig Grad.
4. > Scheint heute die Sonne?
   < Nein, heute regnet es, und es ist kalt und sehr windig.
5. > Du, Martin, wer ist das?
   < Das ist Stephanie. Sie ist Amerikanerin, und sie kommt (ist) aus Chicago.
6. > Guten Tag. Ich heiße Ziegler.
   < Oh, Sie sind Herr Ziegler aus Göttingen. Wie geht es Ihnen?

A 1-8   2. Woher ist (kommt) Bryan Adams?
3. Wie groß ist Michaels Zimmer?
4. Wie viele Tage hat der Januar?
5. Wann ist Weihnachten?
6. Wie viel ist dreißig minus drei?
7. Wie alt ist Stephanie?
8. Wohin geht Peter heute Abend?
9. Was ist eine Oboe?
10. Woher kommt (ist) Arnold Schwarzenegger?
11. Wo ist Hannover?
12. Wohin geht Claudia?
13. Wie ist das Wetter heute?
14. Wer ist Chris Rock?
15. Wo ist Kitzbühel?

A 1-9   2. fliegen im Winter nach Spanien.
3. du jetzt in die Vorlesung?
4. arbeitest du heute im Supermarkt?
5. ihr morgen Abend zu Angelikas Party?
6. gehe heute Abend um acht ins Bett.
7. geht ihr heute Abend in die Kneipe?

A 1-10   2. < Nein, kommt, nicht
3. < Nein, ist, keine, eine
4. < Ja, ist, es, schön
5. < Nein, scheint, nicht
6. < Nein, nicht, in, Köln, studiert
7. < Nein, heute, nicht
8. < Nein, ist, kein

A 1-11   2. > ist < Er, ist
3. < Sie
4. > Ist < er, ist
5. > Sind, Sie < ich, bin, ich
6. > sind, Sie, sind < sie
7. > seid < Wir, sind > Seid, ihr < wir, sind
8. > sind < Sie, sind, sind
9. > Bist < ich, bist, du > Ich, bin, ich
10. > ist, Ist, er < Er, ist, ist, er
11. > ist, Ist, er < er, ist

A 1-12   1. > heiße, komme, heißt, kommst < heiße, komme, studiere, studierst > studiere
2. > macht, Geht < geht, lernt
3. > tanzt, sitzt, trinkst < tanze, ist
4. > fliegen < fliegen, kostet
5. > findet < finden, regnet
6. > macht < arbeitet, schreibe, spielen

A 1-13 2. Spielst
3. Fliegen
4. kostet
5. macht, Geht, spielt

6. gehe
7. arbeitet
8. beginnt (ist)
9. Findest

10. heiße (bin), heißt, bist (kommst)

A 1-14 1. Karte
2. Disco
3. Geld
4. Finnair

5. wohin?
6. woher?
7. wo?
8. wie?

9. Fußball
10. Biologie
11. Vorlesung
12. Bus

A 1-15 1. b
2. c
3. a

4. b
5. c
6. b

A 1-16 1. 4,00   2. 7,00   3. 24,00   4. 7,50   5. 10,00

A 1-17 1. zwanzig (a)
2. Bremen (c)
3. Dänemark (a)
4. zum Schwarzwald (c)

5. fast an der Nordsee (b)
6. kühl und regnerisch (b)
7. sehr warm (b)
8. Soziologie und Psychologie (c)

9. 0761 (b)
10. 28355 (a)

A 1-18 1. Im Frühling ist es oft sehr windig und es regnet auch viel. Im Frühling spielen meine Freundin und ich Tennis.
2. Im Sommer ist es heiß. Das Thermometer zeigt oft dreißig Grad. Dann spiele ich nicht Tennis, sondern gehe schwimmen.
3. Im Herbst ist es sehr schön. Die Herbstfarben sind rot, gelb und braun. Meine Freunde (Freundinnen) und ich spielen Fußball.
4. Im Winter schneit es und es ist oft sehr kalt. Die Sonne scheint nicht so hell. Im Januar und im Februar laufen wir Ski.

A 1-19
> Was machst du im Sommer?
< Ich fliege nach Deutschland.
> Was machst du dort?
< Im Juli und im August arbeite ich in München.
> Und dann?
< Dann reise ich nach England.
> Und was machst du im Herbst?
< Im Herbst studiere ich in Österreich, in Salzburg.
> Was studierst du dort?
< Ich studiere Musik.

Hören und Sprechen

H 1-1
1. Monate
2. Tage
3. Jahreszeiten
4. Ländernamen
5. Nationalitäten
6. Amerikanerinnen
7. Farben
8. Universitäten
9. Autos
10. Fragewörter
11. Konjunktionen
12. Pronomen

H 1-2
1. drei
2. zwei
3. vier
4. zwei
5. zwei
6. drei
7. fünf
8. zwei
9. drei
10. vier
11. drei
12. vier

H 1-3
1. Amerikaner
2. Kanadierin
3. Deutsche
4. Österreicherin
5. Deutscher

H 1-4
1. Ja, ein Konzertsaal
2. Nein, kein Theater
3. Nein, kein Hörsaal
4. Ja, eine Mensa

H 1-5   a. 4   b. 5   c. 1   d. 3   e. 2   f. 8   g. 9   h. 6   i. 7

H 1-6
1. Woher kommst du (Woher bist du)
2. Wie, bist du
3. Was studierst du
4. Wo wohnst du
5. Wohin fliegst du
6. Wann bist du

H 1-7
1. der Himmel nicht blau
2. nicht sehr warm
3. die Sonne nicht
4. nicht schwimmen
5. kein Picknick

H 1-8
1. es
2. er
3. sie
4. sie
5. er
6. sie

H 1-9
1. sie kosten
2. Es ist
3. Es kostet
4. sie ist
5. Sie ist
6. sie sind
7. Er ist

H 1-10
1. geht sie in die Bibliothek
2. spielen wir, Karten
3. gehe ich schwimmen
4. gehen sie ins Kino
5. geht er in die Disco

H 1-11
1. machst; gehe, schreibe
2. Regnet; scheint, ist
3. macht; glaube, gehen, zeigt
4. ist, macht; sitzt, tut
5. machen; gehen, tanzen
6. Sind; sind, spielen
7. macht; fliegen, gehen
8. macht; glaube, arbeitet, schreibt
9. heißt, macht; heißt, studiert

H 1-12
1. richtig
2. falsch
3. falsch
4. richtig
5. falsch

H 1-13
1. schön
2. 25
3. sonnig
4. in die Vorlesungen
5. zum Studentenwerk
6. morgen schwimmen

H 1-14 Answers will vary.

H 1-15
1. ie, ei
2. ei, ie
3. ei, ie
4. ie, ei
5. ei, ie
6. ei, ie
7. ei, ie
8. ie, ei
9. ie, ei

Video-Treff

V 1-1
1. b
2. a
3. a
4. b
5. a
6. b
7. b
8. a
9. a

V 1-2 Correct versions for statements that are **falsch** can vary.

1. Falsch (Er kommt aus Westdeutschland.)
2. Richtig
3. Richtig
4. Falsch (Sie arbeitet in Berlin, aber sie kommt aus Dresden.)
5. Richtig
6. Richtig
7. Falsch (Er arbeitet in Berlin.)
8. Richtig
9. Falsch (Der Löwe ist das Symbol von Leipzig.)

V 1-3 Answers will vary.

KAPITEL 2

Arbeitsbuch

A 2-1
2. neunzehn Uhr dreißig
3. sechzehn Uhr vierzig
4. zehn Uhr fünfzehn
5. dreizehn Uhr fünfundzwanzig
6. zweiundzwanzig Uhr fünfzig
7. fünf Uhr fünfunddreißig
8. einundzwanzig Uhr fünfundvierzig

A 2-2
2. a. zwanzig Uhr fünfzehn
3. a. dreiundzwanzig Uhr fünfundvierzig
4. a. neun Uhr zehn
5. a. sechzehn Uhr dreißig
6. a. neunzehn Uhr fünfundvierzig
7. a. null Uhr fünfzehn
8. a. vierzehn Uhr fünfundzwanzig
9. a. sieben Uhr vierzig
10. a. fünfzehn Uhr fünfzehn

b. Viertel nach acht abends
b. Viertel vor zwölf nachts
b. zehn nach neun morgens (vormittags)
b. halb fünf nachmittags
b. Viertel vor acht abends
b. Viertel nach zwölf nachts
b. fünf vor halb drei nachmittags
b. zwanzig vor acht morgens
b. Viertel nach drei nachmittags

A 2-3
2. zehn Uhr morgen Vormittag
3. sieben Uhr heute früh (Morgen)
4. vier Uhr gestern Nachmittag
5. sieben Uhr übermorgen Abend
6. elf Uhr vorgestern Nacht (Abend)
7. drei Uhr heute Nachmittag
8. sechs Uhr morgen früh
9. elf Uhr gestern Vormittag (Morgen)
10. fünf Uhr übermorgen Nachmittag

A 2-4
1. > Habt < haben
2. > Hat < hat
3. > Hast < habe
4. > hat < hat
5. > Haben < habe, habe
6. > Haben < haben
7. > Habt < haben
8. > Hast < habe

A 2-5
2. > gern < lieber
3. < gern, gern
4. > gern < lieber
5. > gern < nicht gern, lieber
6. < lieber
7. < nicht gern
8. > gern < lieber
9. < lieber
10. < nicht gern

A 2-6
1. > -er, -e < -er, -e, –
2. > -ie, – < -ie, –, -e
3. > -ie, -er, – < -ie, -er, –, –
4. > -er, – < -er, –, –
5. > -ie, – < -ie, –, -e
6. > -er, -e < -er, -e, –
7. > -ie, – < -ie, –, -e

A 2-7　　1. Was, ein deutsches Bier
　　　　　　2. Wer, ein amerikanischer Autor
　　　　　　3. Wer, eine deutsche Politikerin
　　　　　　4. Was, eine österreichische Stadt
　　　　　　5. Wer, ein kanadischer Rockstar
　　　　　　6. Wer, ein britischer Filmstar
　　　　　　7. Was, eine kanadische Provinz
　　　　　　8. Wer, ein russischer Komponist
　　　　　　9. Was, ein großes Reptil

A 2-8　　1. jedes
　　　　　　2. Welche
　　　　　　3. diese
　　　　　　4. Diese
　　　　　　5. Welche
　　　　　　6. diese
　　　　　　7. Welcher
　　　　　　8. jede
　　　　　　9. Dieses
　　　　　　10. jeder

A 2-9　　1. > deine < Meine, meine > euer < unser > dein < sein, Ihr
　　　　　　2. > Ihr < seine, seine > Ihre < Meine, ihre

A 2-10　ihre, unser, euer, Mein, euer, ihre, euer, Unser, euer, mein, euer

A 2-11　1. -e, -e
　　　　　　2. -es
　　　　　　3. -er
　　　　　　4. -e
　　　　　　5. -er
　　　　　　6. -en
　　　　　　7. -e
　　　　　　8. -er
　　　　　　9. -en
　　　　　　10. -e
　　　　　　11. -e
　　　　　　12. -es
　　　　　　13. -e, -e
　　　　　　14. -en
　　　　　　15. -er

A 2-12　Answers will vary.

A 2-13　1. a. Schlossstraße
　　　　　　　　b. elf, fünfzehn
　　　　　　2. Acht, fünfzehn
　　　　　　3. zwanzig, dreißig
　　　　　　4. acht, fünfzehn, achtzehn, dreißig
　　　　　　5. Käufer, Nicht-Käufer
　　　　　　6. zwei, drei
　　　　　　7. b

A 2-14　Answers need not appear in this order.

　　　　　　FAHRZEUGE: das Fahrrad, das Auto, das Motorrad, der Bus, die Lokomotive
　　　　　　GETRÄNKE: die Milch, das Wasser, das Bier, der Wein, der Kaffee
　　　　　　MUSIK: das Konzert, die Gitarre, der Jazz, die Rockgruppe, die Trompete
　　　　　　WETTER: das Barometer, die Sonne, das Eis, das Thermometer, der Regen

A 2-15
1. Ulrikes Freund (c)
2. bei Kristianstad (b)
3. in Lübeck (b)
4. nach Saßnitz (a)
5. fünf Tage (c)
6. Mitte Juli (a)
7. ein Segelboot (b)
8. über Hannover (b)
9. in Kiel (a)
10. etwa sechs Wochen (c)

A 2-16 Answers need not appear in this order.

süß ≠ sauer	immer ≠ nie
lang ≠ kurz	dumm ≠ intelligent
richtig ≠ falsch	dort ≠ hier
teuer ≠ billig	neu ≠ alt
dünn ≠ dick	heiß ≠ kalt
wenig ≠ viel	

A 2-17 Mein Freund heißt Kurt. Er studiert Geografie und Geologie und er ist sehr nett. Kurt ist sehr sportlich: im Sommer schwimmt und segelt er und er spielt auch Tennis, und im Winter spielt er Eishockey. Er kocht gern und er sammelt auch Briefmarken. Kurt ist sehr musikalisch: er spielt Gitarre und singt sehr gut. Aber Kurt ist nicht perfekt. Ich glaube (denke), sein großes Motorrad kostet ein bisschen zu viel. Er telefoniert oft stundenlang und er lernt nicht immer gern. Aber niemand ist so interessant wie mein Kurt.

A 2-18
1. > Was macht (tut) Nina? < Sie telefoniert mit Alexander. > Wer ist Alexander? < Das ist ihr doofer (blöder) Freund.
2. > Wo lebt deine Freundin Anna jetzt? < Sie und ihr Mann leben in Kiel. > Haben sie eine Wohnung oder ein Haus? < Sie haben ein schönes, großes Haus. Ich besuche Anna im Sommer.
3. > Wie viel kostet dieser rote Mantel? < Der rote Mantel? Er kostet nur zweihundert Euro. > Das ist viel zu teuer.
4. > Wann (Um wie viel Uhr) beginnt der Film? < Um halb acht. > Und wann ist er zu Ende? < Um neun.

Hören und Sprechen

H 2-1
1. Ja, fünf nach sieben
2. Nein, Viertel nach zehn
3. Nein, halb zehn
4. Ja, fünf vor halb sechs
5. Nein, zwanzig nach drei
6. Ja, Viertel vor zwölf

H 2-2
1. 9, 20
2. 11, 15
3. 13, 18
4. 15, 32
5. 16, 47
6. 19, 10

H 2-3   a. 4   b. 2   c. 7   d. 6   e. 3   f. 1   g. 5

H 2-4
1. haben, habe
2. Habt (habt), haben
3. Hat (hat), hat
4. Hast (hast), habe

H 2-5
1. Ja, mache gern Sport (Nein, mache nicht gern Sport)
2. Ja, trinke gern Bier (Nein, trinke nicht gern Bier)
3. Ja, spiele gern Karten (Nein, spiele nicht gern Karten)
4. Ja, gehe gern tanzen (Nein, gehe nicht gern tanzen)
5. Ja, studiere gern hier (Nein, studiere nicht gern hier)
6. Ja, lerne gern Deutsch (Nein, lerne nicht gern Deutsch)

H 2-6
1. trinke lieber Kaffee (trinke lieber Tee)
2. gehe lieber ins Kino (gehe lieber in die Disco)
3. höre lieber Rock (höre lieber Jazz)
4. gehe lieber joggen (gehe lieber schwimmen)
5. spiele lieber Tennis (spiele lieber Racquetball)
6. wohne lieber zu Hause (wohne lieber im Studentenheim)

H 2-7
1. Jazz
2. David
3. er
4. Davids Freund Frank
5. David und Frank
6. sie
7. du

H 2-8
1. Lisa geht morgens joggen
2. Felix geht gern schwimmen
3. Thomas spielt gern Fußball
4. Felix spielt gern Tennis
5. Thomas telefoniert mit Monika
6. Lisa geht in die Cafeteria

H 2-9
1. Nina
2. Nina, Robert
3. Robert
4. Frau Ziegler
5. Robert
6. Frau Ziegler, Herr Ziegler

H 2-10
1. Bittrer (Bitterer)
2. Saurer
3. Altes
4. Bittre (Bittere)
5. Harte
6. Kalter

H 2-11 1. a   2. b   3. a   4. a   5. b

H 2-12
1. b	6. a	11. b
2. a	7. a	12. a
3. b	8. b	13. b
4. b	9. a	14. b
5. b	10. a	15. a

Video-Treff

V 2-1

1. Anja
2. Susann
3. Anja
4. André
5. Susann

6. Anja
7. Susann
8. André
9. Susann
10. André

V 2-2   Correct versions for statements that are **falsch** can vary.

1. Falsch (Meine Freundin ist Amerikanerin und kommt aus Minneapolis.)
2. Falsch (Meine Freundin heißt Christine.)
3. Richtig
4. Falsch (Øcsi ist 25 Jahre alt.)
5. Richtig
6. Falsch (Mein Freund arbeitet.)
7. Falsch (Chirac ist ein großer schwarzer Hund.)
8. Richtig
9. Falsch (Meine Freundin heißt Katja.)
10. Richtig

V 2-3   Answers will vary.

KAPITEL 3

Arbeitsbuch

A 3-1

SUBJECTS OR SUBJECT COMPLETIONS	DIRECT OBJECTS
2. sie	ihre Kusine Barbara
3. Barbara	eine gute Freundin
4. Sie, Ulrike	
5. Ulrikes Freund	
6. Er	ein Segelboot
7. Barbara	Freunde
8. Diese Freunde	
9. Barbaras Freunde	ein Sommerhaus
10. Sylvia und Barbara	die Fähre
11. sie	
12. Sylvia	

A 3-2
1. den Toaster, den Kochtopf
2. den Wecker
3. das Fotoalbum
4. die Joggingschuhe, den Tennisschläger
5. die Kopfhörer
6. das Kinderbett, den Kinderwagen
7. den Taschenrechner
8. die Schreibmaschine

A 3-3
2. einen Job
3. eine Winterjacke
4. einen Rucksack
5. ein Visum
6. ein Handy
7. einen CD-Spieler
8. einen Regenmantel
9. eine Pizza
10. ein Fahrrad

A 3-4
2. kein Geld
3. keine Kamera
4. keine Skier
5. keine CDs
6. keinen Wecker
7. keine Gläser
8. keinen Drucker
9. keinen Rucksack
10. keinen Regenmantel

A 3-5
2. Wer
3. Wen
4. Wer
5. Wen
6. Was
7. Wer, wer
8. Was
9. Wer
10. Wen

A 3-6
2. > diesen < dieser
3. > Welche < diese
4. > Dieses, jedes < diese
5. > Welchen, Diesen < diese

A 3-7
1. seine, sein
2. meine, meine, ihre, ihr
3. meinen, seine, seine (ihre)
4. eure
5. unsere, unsere, unser
6. Ihre

A 3-8
1. < haben, -e, -en
2. > Hast, -e < habe, -en
3. > Hast, -e < habe, -e, hat, -en
4. > hast, -en, Ist < ist, –, ist, –
5. > Habt, -e < haben, -en > –, ist < ist, –
6. > Hat, -en, -en < hat, -en
7. > haben, -en, Ist, – < ist, –, ist, –

A 3-9 1. > -en, -en, -en, -en < -e, -en > -e < -en 3. > -e < -en > -e < -e
2. > -en < -en > -e 4. > -e, -e < -en, -en, -e, -e

A 3-10 1. -e, -es, -es, -es 3. -e, -e, -en
2. -en, -e, -es 4. -er, -en, -en, -en, -en

A 3-11 -er, -er, -e, -e, -es, -es, -er, -en, -en, -e, -e, -e, -e, -e, -e, -e

A 3-12 2. < diesen Artikel nicht 8. < nicht im Studentenheim
3. < dieses Buch nicht interessant 9. < keinen Wagen
4. < heute Abend nicht 10. < nicht jeden Samstag
5. < heute Abend nicht bei Tina 11. < morgen nicht
6. < nicht oft ins Kino 12. < nicht mit Bernd in die Disco
7. < Stephanie nicht

A 3-13 2. seinen Wagen. 5. gern Schokolade.
3. am Telefon. 6. ein Bad.
4. zum Bus. 7. gern Dokumentarfilme.

A 3-14 1. oft viel zu schnell. 5. sonntags immer bis zehn oder elf.
2. gern schöne Kleider. 6. morgen ein Konzert.
3. du die Katze nicht ins Haus, Robert? 7. der Bus hier nicht?
4. Oma Ziegler morgen?

A 3-15 2. > sprecht 8. > läuft
3. > wird 9. > nimmst
4. > lässt 10. > siehst
5. > liest 11. > Schläft
6. > gibt 12. > trägst
7. > fährt

A 3-16 nimmt, tragen, liest, schläft, sehen, fährt, wird, gibt, lässt, isst, sprichst

A 3-17 1. e 2. f 3. g 4. a 5. b 6. d 7. c

A 3-18 Was ist dein Hauptfach?
Sprechen deine Eltern Deutsch?
Was sind deine Eltern von Beruf?
Hast du Geschwister?
Wie alt ist dein Bruder?
Was macht er? (Was ist er von Beruf?)
Was sind deine Hobbys? (Was machst du gern?)
Wer ist David?
Ist er auch Student? (Studiert er auch?)

A 3-19 1. fünf Jahre 4. den ICE
2. Soziologie 5. in Hannover
3. Ingenieur 6. in Madison

A 3-20 1. > Ist das Ihr Wagen, Herr Bürgli?
           < Nein, das ist nicht mein Wagen. Ich habe keinen Wagen. Ich habe nur ein altes Fahrrad.

        2. > Wie viele Geschwister hast du?
           < Ich habe einen Bruder und zwei Schwestern.

        3. > Wie alt ist Ihre Tochter, Herr Kuhn?
           < Morgen wird sie zwanzig.

        4. > Wir haben ein Feinkostgeschäft. Meine ganze Familie arbeitet dort.
           < Was macht (tut) deine Mutter dort?
           > Sie bäckt tolle (fantastische) Kuchen.
           < Und was machst (tust) du?
           > Ich bin Verkäufer.

        5. > Ich kaufe meine Kleider bei Karstadt. Karstadt ist ein ausgezeichnetes Kaufhaus.
           < Wie sind die Preise dort?
           > Nicht billig, aber auch nicht zu teuer.

A 3-21 Kennst du (Kennen Sie) meinen Onkel Stefan? Er ist mein Lieblingsonkel. Er ist Automechaniker von Beruf und er liebt Autos. Er fährt einen alten Porsche und macht gern alte Autos (Wagen) wieder neu. Onkel Stefan reist gern und seine Reisen sind nie langweilig. Er besucht interessante Länder und er spricht auch viele Sprachen. Nächstes Jahr fliegt er nach Seattle. Er nimmt sein Mountainbike mit und fährt in die Cascade Mountains.

Hören und Sprechen

H 3-1 Row 2   Bettina, Alfred, Klaus, Brigitte (Alfred, Bettina, Klaus, Brigitte)
         Row 3   Nina, Robert (Robert, Nina)

H 3-2
1. richtig	6. falsch
2. falsch	7. richtig
3. richtig	8. falsch
4. falsch	9. richtig
5. falsch	10. richtig

H 3-3
1. Erkan	6. siebenundvierzig
2. siebenundsechzig	7. keine
3. zwei	8. Olaf
4. vierzehn	9. Heinrich
5. Susanne	10. fünf

H 3-4 Answers will vary.

H 3-5 1. die Sardinen
        2. das Brot und den Käse (den Käse und das Brot)
        3. den Wein
        4. die Chips
        5. den Kaffee und den Kuchen (den Kuchen und den Kaffee)
        6. die Salami
        7. das Bier
        8. die Cola und das Mineralwasser (das Mineralwasser und die Cola)
        9. den Schnaps

H 3-6 1. a 2. b 3. a 4. a 5. b 6. b 7. b 8. b 9. a 10. a 11. b 12. b

H 3-7 1. eine neue Jacke
2. einen neuen Rucksack
3. einen neuen CD-Spieler
4. einen neuen Rock
5. eine neue Karte
6. ein neues Handy

H 3-8 1. deutschen (portugiesischen)
2. griechische (spanische)
3. texanisches (argentinisches)
4. französischen (holländischen)
5. ungarische (italienische)
6. englischen (japanischen)
7. belgische (schweizerische)

H 3-9 1. Ja, essen zu Mittag
2. Nein, wäscht seinen Wagen
3. Nein, spricht mit Professor Berg
4. Nein, läuft zum Bus
5. Ja, fahren Motorrad
6. Nein, nimmt ein Bad
7. Nein, bäckt eine Pizza
8. Nein, isst einen Apfel

H 3-10

Ich		Hamburg	Journalist	
Mutter		Berlin		Tanzen
Vater	David		Professor	Kochen
Schwester	Olivia	Berlin	Studentin	Schwimmen
Kusine	Melanie	Hamburg	Studentin	Segeln

H 3-11 1. In Columbus
2. In Columbus
3. In Wien
4. In Wien und Columbus
5. In Wien und Columbus
6. In Wien

H 3-12 1. c 2. c 3. b 4. c 5. b 6. a 7. a

H 3-13 1. c
2. b
3. d, a
4. e
5. c, a
6. d
7. b
8. a, d
9. e
10. d
11. a
12. c, e

Video-Treff

V 3-1 1. b 2. a 3. a 4. a 5. b 6. b 7. a 8. a 9. b 10. b

V 3-2 1. Thomas
2. André
3. Thomas
4. André
5. Karen
6. Thomas
7. Karen
8. André
9. Thomas
10. André

V 3-3 Answers will vary.

KAPITEL 4

Arbeitsbuch

A 4-1
2. Musst du morgen arbeiten?
3. Kurt kann sehr gut kochen.
4. Magst du Wiener Schnitzel?
5. Warum dürfen Sie denn keinen Kaffee trinken
6. Morgen soll es regnen.
7. Warum willst du mit Professor Weber sprechen?
8. Könnt ihr bitte meinen Wagen waschen?
9. Mögt ihr eure neue Professorin?
10. Darfst du immer noch nicht Auto fahren?

A 4-2
2. > musst < soll
3. > willst < mag
4. > soll < können
5. > willst < darf
6. > Kann < will
7. > kannst < muss

A 4-3
1. Warum <u>lernst</u> du Deutsch? Ich <u>will</u> nächstes Jahr in Berlin studieren.
2. Warum <u>kaufst</u> du ein Fahrrad? Ich <u>soll</u> mehr Sport machen.
3. Warum <u>fliegen</u> Sie nicht nach Peru, Frau Borg? Ich <u>kann</u> kein Spanisch.
4. Warum <u>gehst</u> du in die Bibliothek? Ich <u>muss</u> ein Referat schreiben.

A 4-4
1. Warum <u>trinken</u> Sie denn keinen Wein, Herr Kohl? Ich <u>darf</u> keinen Alkohol trinken.
2. Warum <u>arbeitest</u> du so oft im Supermarkt? Ich <u>will</u> einen Wagen kaufen.
3. Warum <u>nehmen</u> Sie keinen Nachtisch, Frau Haag? Ich <u>soll</u> nicht so viel essen.
4. Warum <u>gehst</u> du nicht auf Günters Party? Ich <u>mag</u> seine Freunde nicht.

A 4-5
2. mag
3. Mögt
4. möchtet
5. möchte
6. mag
7. Möchtet
8. mag

A 4-6
1. < darfst > kann < musst
2. > magst < will, kann
3. > magst < will, darf
4. < möchte, kann, muss, Könnt > müssen
5. > Dürfen < möchtet > möchten < dürft, müsst
6. > sollen, Sollen < möchte

A 4-7
2. Darf
3. Möchten
4. sollen
5. muss
6. kann
7. magst
8. wollt

A 4-8
2. < möchte nicht tanzen
3. < mögen das Schnitzel nicht
4. < müssen heute nicht in die Vorlesung
5. < müssen nicht jeden Tag in die Vorlesung
6. < können morgen Abend nicht kommen
7. < möchte nicht in Wien studieren
8. < dürft heute Abend nicht ins Kino

A 4-9
weggehen, kommt, zurück, fängt, an, kommt, heim, ruft, an
aufstehen, fängt, an, kommt, zurück, weggehen, fährt, ab, geht, heim, gehen, aus

A 4-10 FRAGEN: 2. Warum darf ich denn nicht fernsehen, Mutti?

3. Stehst du immer so spät auf?

4. Was hast du nächstes Wochenende vor?

5. Wie sieht Tinas neuer Freund aus?

6. Kannst du nicht mal ein bisschen aufräumen, Claudia?

7. Um wie viel Uhr kommen Sie in Frankfurt an, Herr O'Brien?

8. Warum geht ihr heute Abend nicht aus?

9. Wann fängt das Wintersemester in Deutschland an?

10. Darf ich das Kleid anprobieren?

ANTWORTEN: 2. Du hast zu viele Hausaufgaben.

3. Nein, nur am Wochenende.

4. Da besuche ich meinen Freund.

5. Er ist groß und schlank.

6. Klar! Aber nicht heute.

7. Morgens um halb sieben.

8. Wir müssen lernen.

9. Mitte Oktober.

10. Ja, bitte.

A 4-11 3. Ja, er spielt Gitarre.

4. Ja, er geht windsurfen.

5. Nein, er kann nicht Trompete spielen.

6. Ja, er kann Klavier spielen.

7. Ja, er spielt Eishockey.

8. Nein, er geht nicht wandern.

9. Ja, er fährt Motorrad.

10. Nein, er spielt nicht Saxofon.

A 4-12 2. Schreib uns bitte jede Woche eine E-Mail!

3. Vergiss dein Adressbuch nicht!

4. Nimm auch warme Kleider mit!

5. Steh morgens nicht immer so spät auf!

6. Iss auch jeden Morgen ein gutes Frühstück!

7. Wasch ja nie weiße Hemden zusammen mit Jeans!

8. Sitz bitte nicht den ganzen Tag vor dem Fernseher!

9. Räum auch manchmal dein Zimmer auf!

10. Sei bitte nie so taktlos wie hier zu Hause!

A 4-13 2. Fahrt bitte nicht zu schnell!

3. Kommt gut nach Hause!

4. Schreibt bitte gleich eine E-mail, wenn ihr heimkommt!

5. Grüßt auch alle meine Freunde!

6. Kommt bald mal wieder!

A 4-14 2. Seien Sie doch nicht so nervös!

3. Fahren Sie doch nicht so schnell!

4. Nehmen Sie bitte den Fuß vom Gas!

5. Parken Sie bitte dort vor dem blauen BMW!

A 4-15 1. Seid bitte vor Mitternacht zu Hause!

Esst bitte nicht so viel Junkfood!

2. Räum doch endlich mal dein Zimmer auf!

Mach heute bitte mal dein Bett!

Häng bitte deine Kleider auf!

3. Sprechen Sie doch bitte ein bisschen lauter!
    Lesen Sie diesen Artikel bis morgen bitte durch!
    Hören Sie bitte gut zu!

A 4-16 1. > oder < aber
2. > sondern < aber
3. > und < sondern, denn > oder < denn, sondern
4. > oder < denn
5. > oder < und > Aber < und, und

A 4-17 2. < Weil sie immer zu spät aufsteht.   5. < Wenn meine letzte Vorlesung zu Ende ist.
3. < Wenn er nicht arbeiten muss.   6. < Damit er im Herbst weiterstudieren kann.
4. < Damit er nicht mehr Bus fahren muss.   7. < Weil ich nicht genug Geld habe.

A 4-18 1. bis   4. bevor
2. sobald   5. sobald
3. obwohl   6. obwohl

A 4-19 2. Kurt genug Geld hat, will er einen Wagen kaufen.
3. du weggehst, musst du dein Zimmer aufräumen.
4. du immer so spät ins Bett gehst, wirst du krank.
5. sein Wagen kaputt ist, nimmt Bernd heute den Bus.
6. Claudia Fieber hat, geht sie nicht zum Arzt.

A 4-20 1. Nein   4. Nein   7. Nein
2. Ja   5. Nein   8. Nein
3. Ja   6. Ja   9. Nein

A 4-21 1. a, c   4. a, b, c
2. c   5. c
3. b, c

A 4-22 3. der Nachtisch   7. spielen
4. die Scheibe   8. fahren
5. die Bibliothek   9. die Vorlesung
6. lesen   10. die Schüssel

A 4-23 1. e   6. d
2. j   7. i
3. b   8. a
4. g   9. c
5. f   10. h

A 4-24 Lukas ist sehr fit, und weil er fit bleiben will, steht er immer früh auf und geht joggen. Wenn er
Zeit hat, fährt er auch Rad. Aber er macht nicht nur Sport. Er isst sehr wenig Fleisch, aber viel
Obst und frisches Gemüse. Zum Frühstück isst er keinen Käse, keine Wurst und keine Eier,
sondern eine große Schüssel Müsli. Weil Lukas so gesund lebt, sieht er auch sehr gesund aus.

A 4-25 1. > Sollen wir heute Abend tanzen gehen?
       < Ich kann nicht. Ich muss mein Referat fertig schreiben.

      2. > Warum willst du dein Auto (deinen Wagen) verkaufen, Ralf?
       < Ich will nicht, ich muss. Ich brauche Geld.

      3. > Was isst du zum Nachtisch? Eis oder ein Stück Kuchen?
       < Ich esse lieber Obst. Ich möchte schlank bleiben.

      4. > Warum nimmst du keine Wurst?
       < Weil ich kein Fleisch essen darf.

      5. > Bist du heute Nachmittag zu Hause?
       < Nein, heute komme ich erst um halb acht nach Hause.

      6. > Siehst du immer so viel fern?
       < Nein, nur am Wochenende.

Hören und Sprechen

H 4-1 **A** 1. b   2. d   3. e   4. c   5. a
      B 6. j   7. h   8. g   9. f   10. i

H 4-2 1. c   2. b   3. c   4. a   5. c   6. b   7. c

H 4-3 a. 4   b. 7   c. 1   d. 3   e. 6   f. 5   g. 2

H 4-4 1. c   2. b   3. a   4. a   5. b   6. c   7. a   8. c   9. a

H 4-5 a. 2   b. 1   c. 5   d. 4   e. 6   f. 3

H 4-6 a. 6   b. 7   c. 1   d. 2   e. 4   f. 5   g. 3

H 4-7 1. findet   4. räumt, auf
      2. kocht   5. ladet, ein
      3. backt   6. ruft, an

H 4-8 a. 3   b. 4   c. 1   d. 2   e. 6   f. 7   g. 8   h. 5

H 4-9 1. freitags immer babysitten muss   4. am Freitag seine Eltern besuchen soll
      2. muss jeden Freitagabend arbeiten   5. geht am Freitag mit Ella ins Kino
      3. fast kein Geld mehr hat   6. ein Referat fertig schreiben muss

H 4-10 läuft, trinkt; einschläft, geht; ist, ruft; ist, möchte; fährt, kann

H 4-11 1. richtig   5. falsch
      2. falsch   6. richtig
      3. falsch   7. falsch
      4. richtig   8. richtig

H 4-12 1. Ralf   5. Tom
      2. Tom   6. Tom
      3. Ralf   7. Ralf
      4. Tom   8. Ralf

H 4-13 Answers may vary.

H 4-14 1. a 2. d 3. b 4. c 5. b 6. c 7. a 8. d 9. d 10. c 11. a 12. b

Video-Treff

V 4-1 1. b 2. a 3. b 4. b 5. a 6. a 7. b 8. a 9. b 10. a

V 4-2 Correct versions for statements that are **falsch** can vary.

1. Richtig
2. Falsch (Sie isst meistens ein großes Müsli mit Obst.)
3. Falsch (Sie nimmt das Fahrrad zur Uni.)
4. Richtig
5. Richtig
6. Falsch (Er isst nie Frühstück.)
7. Falsch (Er trinkt morgens eine Tasse Kaffee.)
8. Falsch (Er sieht morgens einen Film.)
9. Richtig
10. Falsch (Er geht meistens spät ins Bett.)

V 4-3 Answers will vary.

Arbeitsbuch

A 5-1
2. < wir rufen dich morgen an.
3. < ich kenne sie nicht.
4. < er wäscht ihn nicht.
5. < ich möchte es anprobieren.
6. < wir laden ihn nicht ein.

7. < ihr müsst uns nicht abholen.
8. < wir können euch abholen.
9. < ich möchte ihn kennen lernen.
10. < ich kenne ihn nicht.
11. < wir bringen sie mit.

A 5-2
2. Kamera, sie, meine Kamera
3. Surfbrett, es, sein Surfbrett
4. Torte, sie, unsere Torte
5. Schuhe, sie, deine Schuhe

6. Haus, es, ihr Haus
7. Katze, sie, eure Katze
8. Pullover, ihn, mein Pullover
9. CD, sie, Ihre CD

A 5-3
1. > du, ihren < er, sie
2. > Ihr < mich, meine
3. > euren < wir, ihn, seine

4. > dich, dein, dich < mein, mich
5. > ihr, sie < Sie, sie
6. > eure, euch < sie, uns

A 5-4
1. für
2. ohne
3. durch
4. gegen
5. Um, um, um
6. für, durch

7. Gegen
8. um
9. ohne
10. gegen
11. ohne

A 5-5
1. gegen, ihn
2. für, Sie
3. gegen, mich
4. ohne, dich

5. für, dich
6. ohne, ihn
7. durch, sie

A 5-6
1. durch, -en
2. um
3. für (gegen), gegen (für), -en
4. ohne, -en

5. um, -en
6. ohne, -e
7. Für, -e

A 5-7
1. dagegen
2. dafür
3. dafür

4. dagegen
5. dafür
6. dagegen

A 5-8 2. > Schläfst du auch so lang wie ich? < Ich schlafe viel länger als du.
3. > Liest du auch so gern wie ich? < Ich lese viel lieber als du.
4. > Bäckst du auch so viel wie ich? < Ich backe viel mehr als du.
5. > Wäschst du auch so oft wie ich? < Ich wasche viel öfter als du.
6. > Fährst du auch so schnell wie ich? < Ich fahre viel schneller als du.
7. > Sprichst du auch so gut Deutsch wie ich? < Ich spreche viel besser Deutsch als du.

A 5-9 2. a. billiger (preisgünstiger) als   b. billigere (preisgünstigere)
3. a. größer als   b. größere
4. a. kleiner als   b. kleinere
5. a. länger als   b. längere
6. a. kürzer als   b. kürzere
7. a. älter als   b. ältere
8. a. höher als   b. höhere

A 5-10 1. liebsten   6. interessantesten
2. schönsten, grünsten   7. preisgünstigsten
3. schnellsten   8. vollsten
4. frühesten (spätesten),   9. schicksten, teuersten
    spätesten (frühesten)
5. meisten (wenigsten),
    wenigsten (meisten)

A 5-11 1. heißeste, kälteste   6. höchster
2. längsten, kürzesten   7. besten
3. berühmtestes   8. billigsten
4. elegantestes (teuerstes),   9. reichsten (glücklichsten),
    teuerstes (elegantestes)   glücklichsten (reichsten)
5. jüngster, größte

A 5-12 2. weil, will   7. wenn, liest
3. dass, isst   8. dass, soll
4. dass, aufstehe   9. dass, hat
5. weil, aufstehe   10. Weil, wird
6. Wenn, aufsteht

A 5-13 3. a. wie viel   b. um wie viel Uhr dieser Zug abfährt
4.   b. ob der Zug sehr voll ist
5. a. Wie   b. wie spät es jetzt ist
6.   b. ob Ralf heute Abend zu Hause ist
7. a. Was   b. was Ralf heute Abend macht
8. a. Wann   b. wann das Konzert anfängt
9. a. wen   b. durch wen wir noch Karten bekommen können
10.   b. ob Ralf uns abholt
11.   b. ob Bernd auch in dieses Konzert geht

A 5-14   1. > Weißt < weiß, weiß
     2. > Wissen < weiß > wissen < wissen

     3. > Wisst < weiß, Weißt > weiß, wissen
     4. > Wissen < wissen, wissen

A 5-15   1. < weiß, kenne > weißt < weiß
     2. > Kennst < weiß > kennst < kenne
     3. > Wisst < wissen, weiß
     4. > kennen < weiß

     5. > Weißt < kennst
     6. > kennt < wissen
     7. > Wissen < weiß
     8. > Kennst < weiß

A 5-16   1. > warst < hatte
     2. > wart < waren > Hattet < war
     3. > hattest < war

     4. > war < hatten
     5. > waren < hatten
     6. > waren < hatte, war

A 5-17   1. wollte
     2. durfte, musste
     3. mochte
     4. wollte
     5. sollte, durfte

     6. mochten, konnten
     7. durfte
     8. konnten, konnte
     9. wollte, mochte
    10. mochte

A 5-18   The following questions and statements may vary.

Wie viel (Was) kostet die rote Jacke?
Darf ich sie anprobieren?
Ja, sehr gut. Ich glaube, ich nehme sie.
Nein, danke. Ich bin Studentin und ich habe nicht genug Geld.

A 5-19

telefonieren	anrufen	ein wenig	ein bisschen
Ich bin hungrig.	Ich habe Hunger.	der Morgen	der Vormittag
baden	schwimmen	gern haben	mögen
die Leute	die Menschen	mein Name ist	ich heiße
beginnen	anfangen	Wieviel Uhr ist es?	Wie spät ist es?
Auf Wiedersehen!	Tschüss!	jeden Tag	täglich
der Wagen	das Auto	toll	fantastisch
schick	elegant	tun	machen

A 5-20   1. c   2. h   3. f   4. i   5. a   6. b   7. d   8. g   9. e

A 5-21 1. der Flug nach Düsseldorf 4. Kinder, Senioren
2. $848 5. $428
3. € 745,– 6. Frau Jones – $214; Frau Smith – $214

A 5-22 1. > Brauchst du den Wagen jeden Samstag?
< Nein, nächsten Samstag brauche ich ihn nicht.

2. > Robert arbeitet nächsten Sommer in Österreich.
< Für wen arbeitet er dort?
> Für seinen Onkel.

3. > Kennen Sie den Roman *Die Firma?*
< Nein, ich kenne ihn nicht. Ich kenne nur den Film.

4. > Wo möchtest du dieses Jahr Ferien machen?
< Ich möchte im Schwarzwald campen gehen.
> Gut, dann müssen wir nicht so viel Geld ausgeben.
< Ich kenne ein paar tolle Campingplätze dort.
> Und ich weiß, wie schön die Landschaft dort ist: die Berge und die Täler, die Felder und die Wälder und die hübschen, kleinen Dörfer.

5. > Florian ist verrückt! Er soll für eine Klausur lernen und was macht er? Er sitzt vor dem Fernseher und schaut Seifenopern an.
< Ich weiß, aber ich glaube, dass er trotzdem eine Eins bekommt.

6. > Warum warst du gestern Abend nicht auf Lisas Fete (Party)?
< Ich hatte keine Zeit, weil ich für eine Klausur lernen musste.
> Warum konntest du nicht am Nachmittag lernen?
< Weil ich jeden Nachmittag bei Denners Schnellimbiss arbeite.

A 5-23 Mein Freund Sebastian macht immer die interessantesten und tollsten (fantastischsten) Reisen. Letztes Jahr war er in Nepal und für nächsten Sommer will er einen Flug nach Bhutan buchen.

Mein Freund Moritz reist auch gern, aber nur in Europa, und er übernachtet immer in Hotels. Ich finde meinen Freund Moritz ein bisschen langweilig. Ich finde eine Jugendherberge oder einen Campingplatz viel interessanter als ein Hotel, weil man dort mehr Menschen (Leute) kennen lernt.

Hören und Sprechen

H 5-1 1. ihn   2. ihn   3. sie   4. ihn   5. sie

H 5-2 1. es   2. sie   3. ihn   4. ihn   5. es   6. sie   7. ihn   8. sie

H 5-3 a. 4   b. 3   c. 1   d. 6   e. 2   f. 5

H 5-4 1. schicker als 5. interessanter als
2. eleganter als 6. hübscher als
3. cooler als 7. netter als
4. schöner als

H 5-5
1. am besten
2. am liebsten
3. am schönsten
4. am meisten
5. am schnellsten
6. am schlechtesten

H 5-6
1. die größte
2. das sonnigste
3. den billigsten
4. den elegantesten
5. die beste
6. die coolste
7. die interessantesten

H 5-7
1. wann der Zug nach Lindau abfährt
2. wann dieser Zug in Lindau ankommt
3. ob das das Schiff nach Konstanz ist
4. wann dieses Schiff in Konstanz ankommt
5. ob es in Konstanz eine Jugendherberge gibt
6. wo die Jugendherberge ist
7. wie ich zur Universität komme
8. ob das Auslandsamt noch offen hat

H 5-8
1. kennt
2. weiß, kenne
3. weiß
4. weiß, kenne
5. kennt
6. kennt
7. weiß

H 5-9
1. waren, Hatten, waren
2. warst, hatte, musste
3. Wolltest, durfte, musste

H 5-10 a. 7   b. 10   c. 5   d. 8   e. 3   f. 1   g. 9   h. 4   i. 6   j. 2

H 5-11
1. falsch
2. richtig
3. falsch
4. richtig
5. richtig
6. falsch
7. richtig
8. falsch

H 5-12 Winter, Österreich
Sommer, Bodensee
Herbst, Berlin

H 5-13 Answers will vary.

H 5-14 1. a   2. a   3. b   4. b   5. a   6. b   7. a   8. a   9. b

Video-Treff

V 5-1 Correct versions for statements that are **falsch** can vary.

1. Richtig
2. Richtig
3. Falsch (Sie fahren in den österreichischen Bergen Ski.)
4. Falsch (Christoph geht im Urlaub gern tauchen.)
5. Falsch (Er fährt am liebsten nach Amerika, Neuseeland und Australien, weil er gut Englisch kann.)
6. Falsch (Er sagt, er kann gut Englisch.)
7. Richtig
8. Richtig

V 5-2

1. André
2. Stefan Kuhlmann
3. André
4. Stefan Kuhlmann
5. André
6. André
7. Stefan Kuhlmann

V 5-3 Answers will vary.

K A P I T E L 6

Arbeitsbuch

A 6-1   hat, gehört, hat, gekocht, gefrühstückt
hat, gefüttert, gemacht, telefoniert, hat, repariert, gespielt, hat, gelernt

A 6-2   2. wer diesen Artikel geschrieben hat?
3. Heute Morgen habe ich einen Apfelkuchen gebacken.
4. Wer hat meinen Apfel gegessen?
5. weil du sie nicht gegossen hast.
6. Hast du mit Professor Müller Deutsch gesprochen?
7. Gestern habe ich ein tolles Buch gelesen.
8. Sobald ihr den Wagen gewaschen habt
9. Habt ihr schon Kaffee getrunken?
10. Thomas hat wieder mal die Fingernägel nicht geschnitten.
11. Welcher Tenor hat besser gesungen

A 6-3   2. Bist du gut nach Hause gekommen? (L)
3. Warum ist Claudia zu Hause geblieben? (N)
4. was auf Bernds Party passiert ist? (C)
5. Wie ist Frau Berg denn so krank geworden? (C)
6. dass Frau Berg gestorben ist? (C)
7. Wann bist du gestern Abend ins Bett gegangen? (L)
8. In Deutschland bin ich viel Rad gefahren. (L)
9. Wo seid ihr gestern Abend gewesen? (N)
10. Warum seid ihr nicht mit Lufthansa geflogen? (L)

A 6-4

INFINITIVE	PRESENT TENSE	PAST PARTICIPLE
singen	singt	
schlafen		hat geschlafen
gehen	geht	
	bleibt	ist geblieben
scheinen	scheint	
	liegt	hat gelegen
sehen		hat gesehen
	fährt	ist gefahren
waschen	wäscht	
	nimmt	hat genommen
	steht	hat gestanden
lesen	liest	
essen	isst	
	kommt	ist gekommen
sitzen	sitzt	
	spricht	hat gesprochen

A 6-5 hat, geschlafen, hat, genommen, hat, gegessen, getrunken, hat, gebacken, ist, gegangen, hat, gewaschen

ist, gekommen, hat, getrunken, gegessen, gesehen, hat, geschrieben, hat, gesprochen, ist, gegangen, hat, geschlafen

A 6-6 2. Bernd war krank und ist deshalb zu Hause geblieben.
3. Lutz und Frank sind erst morgens um drei nach Hause gekommen.
4. Bernd hat die beiden dann viel gefragt.
5. Was habt ihr denn so lang gemacht?
6. Zuerst haben wir bis halb zwei getanzt.
7. Und dann sind wir noch zu Nicole gefahren.
8. Zu Nicole? Warum war Nicole denn nicht auf Annas Party?
9. Sie hatte keine Zeit. Sie musste ein paar wichtige E-Mails schreiben.
10. Hat Nicole für euch Kaffee gekocht?
11. Nein, wir haben Cola getrunken und Pizza gegessen.

A 6-7 1. < Weil ich gestern erst um zwölf heimgekommen bin.
    > Du hast dann bestimmt noch stundenlang ferngesehen.
    < Nein, aber ich habe meinen neuen Scanner ausprobiert.
2. > Warum seid ihr erst um Mitternacht in Berlin angekommen?
    < Weil wir erst am späten Nachmittag in Bremen abgefahren sind.
3. > Gestern Abend hat Bernd mich angerufen.
    < Seid ihr zusammen ausgegangen?
    > Nein, wir haben meine neuen CDs angehört.

A 6-8 2. > Hat Professor Schwarz heute wieder nur Anekdoten erzählt?
    < Nein, heute hat er den Akkusativ erklärt.
3. > Hat Kurt deinen neuen Scanner ausprobiert?
    < Ja, und er hat gleich auch einen bestellt.
4. > Habt ihr in München Stephanie Braun besucht?
    < Wir haben es versucht, aber sie war nicht zu Hause.
5. > Gestern habe ich im Supermarkt gleich für vierzehn Tage eingekauft.
    < Und wie hast du das alles bezahlt?

A 6-9 3. hat sie Monika im Krankenhaus besucht.
4. für ihren Englischkurs hat sie nicht angehört.
5. Referat hat sie nicht durchgelesen.
6. für Martins Party hat sie eingekauft.
7. ist in die Bibliothek gegangen und hat die Bücher zurückgegeben.
8. hat Sabine angerufen und sie zu Martins Party eingeladen.
9. hat sie nicht bezahlt.
10. ist zum Schuhmacher gegangen und hat ihre Wanderschuhe abgeholt.
11. hat mit Martin ihren neuen Tennisschläger ausprobiert.
12. altes Fahrrad hat sie nicht verkauft.

A 6-10   1. < ist, gerannt
2. < haben, genannt
3. < hat, gebracht
4. < habe, gedacht

5. < habe, gewusst
6. < habe, gekannt
7. < hat, gebracht
8. < hat, genannt

A 6-11   1933   ist Hitler Reichskanzler geworden.
1939   ist Hitlers Armee in Polen einmarschiert und der zweite Weltkrieg hat begonnen.
1945   hat Nazi-Deutschland kapituliert.
1948   haben die Sowjets alle Straßen, Eisenbahnlinien und Wasserwege nach Westberlin blockiert.
1948–49   haben die westlichen Alliierten in 213 000 Flügen 1,7 Millionen Tonnen Güter nach Berlin gebracht.
1949   sind aus Deutschland zwei Staaten geworden: die Bundesrepublik Deutschland und die Deutsche Demokratische Republik.
1953   haben die ostdeutschen Arbeiter gegen den kommunistischen Staat rebelliert.
1961   hat die DDR die Berliner Mauer gebaut.
1963   hat J. F. Kennedy in Berlin die berühmten Worte gesagt: „Ich bin ein Berliner.“
1989   hat Erich Honecker, der Staats- und Parteichef der DDR, proklamiert: „Die Mauer steht noch in hundert Jahren.“
1989   hat Ungarn seine Grenzen geöffnet und die ersten 15 000 Ostdeutschen sind in die BRD geflohen.
1989   hat die DDR die Berliner Mauer geöffnet.
1990   sind Ost- und Westdeutschland wieder ein Land geworden.

A 6-12   2. > -te, -ten, < Dritten
3. > -sten, -te < Neunzehnte
4. > -sten, te < Siebenundzwanzigste
5. > -te, -te < Sechzehnte

6. > -en, -ten < dreißigsten, Elften
7. > -sten, -ten < ersten, Sechsten
8. > -sten, -ten < vierte
9. < vierzehnten, Zweiten

A 6-13   hat, gemacht, haben, gesessen, sind, gegangen, bin, eingeschlafen
sind, aufgestanden, haben, gegessen, sind, gelaufen, habe, fotografiert
hat, eingeladen, habe, gekannt, besucht, hat, sind, aufgeblieben, haben, ausgefragt, hast, gearbeitet

A 6-14   her-, hin-, hin-, hin-
hin-, her-, hin-, hin-, her-, hin-
hin-, hin-, her-, hin-

A 6-15   Die Radtour
a. 2   b. 4   c. 1   d. 5   e. 3
Im Krankenhaus
a. 3   b. 2   c. 1

A 6-16 2. die Universität   7. der Mund
          3. die Lösung   8. die Ohren
          4. die Zehe   9. die Zähne
          5. der Arm   10. das Flugzeug
          6. die Haare

A 6-17 1. a, c   4. a, b
          2. a, b, c   5. b, c
          3. b   6. c

A 6-18 1. > Warum hast du deinen Koffer noch nicht gepackt?
              > Weil ich nicht weiß, wie viel ich mitnehmen soll.

          2. > Woher sind Ihre Vorfahren mütterlicherseits?
              < Meine Großmutter ist (kommt) aus Österreich und mein Großvater ist (kommt) aus
                Deutschland.
              > Wann sind sie nach Amerika ausgewandert?
              < Mein Großvater ist 1948 ausgewandert und meine Großmutter ist sechs Jahre später hier
                angekommen.

          3. > Der Wievielte ist heute? (Den Wievielten haben wir heute?)
              < Heute ist der Neunzehnte. (Heute haben wir den Neunzehnten.)

          4. > Wann hat der Erste Weltkrieg begonnen (angefangen)?
              < Am achtundzwanzigsten Juli 1914.

          5. > Was für einen Ferienjob hattest du letztes Jahr?
              < Ich habe für einen Gärtner gearbeitet und viel Geld verdient.

A 6-19 21.6.07 Heute war ein schlechter Tag. Es hat schon am Morgen (morgens, am Vormittag)
                  angefangen (begonnen). Weil ich meinen Wecker nicht gehört habe, habe ich bis elf
                  geschlafen. Meine erste Vorlesung hat um halb zehn angefangen (begonnen) und um
                  halb elf sollte ich mein Referat für Philosophie abgeben.

                  Um zwölf hatte ich ein Interview für einen Ferienjob als Verkäufer(in) bei Computer
                  World. Ich bin wie verrückt gerannt und bin eine Minute nach zwölf bei Computer
                  World angekommen. Leider ist das Interview gar nicht gut gegangen und ich glaube
                  (denke) nicht, dass ich den Job bekomme. Der Personalchef ruft mich morgen früh
                  (Vormittag) an.

          22.6.07 Ich kann es kaum glauben! Ich habe den Job bekommen und die Bezahlung ist gar
                  nicht schlecht. Ich kann übermorgen anfangen (beginnen).

Hören und Sprechen

H 6-1   1. b   2. a   3. b   4. a   5. a   6. b

H 6-2
1. aus Mexiko
2. aus England
3. 22
4. 19
5. sehr groß
6. kurzes, schwarzes
7. mittelgroß
8. langes, blondes

H 6-3
1. gemäht
2. geputzt
3. repariert
4. geübt
5. gekocht

H 6-4
1. waschen
2. streicht
3. schreibt
4. spricht
5. lese
6. sehen

H 6-5   a. 4   b. 6   c. 2   d. 8   e. 5   f. 3   g. 1   h. 7

H 6-6
1. falsch
2. falsch
3. richtig
4. richtig
5. falsch
6. richtig
7. richtig
8. richtig

H 6-7
1. ist, aufgestanden
2. hat, abgeholt, gebracht
3. hat, durchgelesen
4. hat, besucht
5. hat, erzählt
6. sind, gerannt
7. haben, anprobiert
8. sind, ausgegangen
9. sind, heimgekommen

H 6-8   a. 5   b. 7   c. 2   d. 6   e. 1   f. 3   g. 4

H 6-9   Answers will vary.

H 6-10
1. den Siebten
2. den Neunten
3. den Zwölften
4. den Zweiundzwanzigsten
5. den Fünften
6. den Dritten
7. den Achtundzwanzigsten

H 6-11
1. 20. April
2. 1. Mai
3. 29. Februar
4. 14. September
5. 7. Juli
6. 30. Dezember

H 6-12 1. a 2. b 3. a 4. a 5. b 6. a

H 6-13 1. falsch 5. richtig
2. richtig 6. falsch
3. falsch 7. richtig
4. richtig 8. richtig

H 6-14 1. b 2. b 3. b 4. a 5. a 6. b 7. a 8. a 9. a 10. a

Video-Treff

V 6-1 1. Thomas 5. Susann
2. Susann 6. Thomas
3. Thomas 7. Thomas
4. Susann

V 6-2 1. a 2. b 3. b 4. b 5. a 6. b 7. b 8. a 9. a

V 6-3 Answers will vary.

KAPITEL 7

Arbeitsbuch

A 7-1

SUBJEKTE	INDIREKTE OBJEKTE	DIREKTE OBJEKTE
2. Sie		viel Deutsch, viele Fotos
3. Sie	ihren Freundinnen	viele Postkarten
4. Margaret		
5. ihre Freundinnen		eine kleine Party
6. Margaret	ihren Freundinnen	ihre Fotos
7. Sie	jeder Freundin	ein kleines Geschenk

A 7-2
2. ihren Eltern einen Kuchen
3. seinem Kind ein Stück Schokolade
4. dem Hund die ganze Wurst
5. seinen Freunden eine Runde Bier
6. ihrem Freund einen Pullover
7. seiner Tochter ein Fahrrad
8. meinen Eltern eine E-Mail
9. ihren Kindern die Haare
10. seiner Freundin fünf rote Rosen
11. ihrem Sohn ein Paket
12. seiner Frau das Frühstück
13. unserer Professorin eine Postkarte
14. deiner Mutter eine Tasse Kaffee
15. ihren Eltern tausend Euro

A 7-3
2. > Wem < -em
3. > Was < -en
4. > Wem < -en
5. > Wer < –, -e
6. > Wen < -e
7. > Wer < -e
8. > Wem < -en, -n
9. > Was < -e

A 7-4
2. > Wem < Meiner Mutter
3. > Wen < Meinen Freund
4. > Was < Rote Rosen
5. > Wem < Meiner Freundin
6. > Wer < Ihr Freund Kurt

A 7-5
1. < ich, ich, dir
2. > ich, dich < ich, es, du, mich
3. > ich, Ihnen < Sie, mir
4. > Ihnen, Sie, ihr < ich, ihr
5. > ich, euch < uns
6. > du, uns < Dich > uns < ich (euch), euch (ich)
7. > ich < ihnen, du > ich, ihm < ihm
8. > wir < Ihn (Sie), sie (ihn)

A 7-6
1. < es mir
2. > Michael ein Buch < ihm eine CD
3. > ihrem Sohn ein Motorrad < ihm einen Wagen
4. > mir zwanzig Euro < sie mir
5. > dir den schönen Pullover < ihn mir

A 7-7 A
2. Du hast mich doch gar nichts gefragt.
3. Heute Abend.
4. Nein, er hat es wieder mal vergessen.
5. Vielleicht hat er sie gar nicht bekommen.

B

1. Ja, aber erst heute Abend.
2. Weil sie Geburtstag hat und ihre Freunde ihr alle gratulieren wollen.
3. Ja, das ist mein Buch.
4. Warum schreibst du ihr dann noch?
5. Aber Frau Horb! Da gibt's doch nichts zu danken!

A 7-8

2. jetzt geht es ihm wieder besser.
3. Es war uns zu kalt.
4. Es tut mir leid.
5. es steht ihr sehr gut.
6. fällt mir im Moment nicht ein.
7. es ist ihnen zu weit.
8. Das ist mir egal.

A 7-9

2. > Mit, -em < Mit, -er
3. < Aus, -er
4. > Bei, -em < Bei, -er
5. > mit, -em < mit, -em
6. < aus, -en
7. > bei, -er < bei, -er
8. > Bei < außer
9. > mit, -er < mit, -er
10. < Aus, -er
11. > bei < bei
12. > bei < Außer

A 7-10

1. < Von, -en
2. > nach < nach, -er
3. > Seit < Seit, -em
4. > zu < nach, -em, zu, -er
5. > nach, -er < zu
6. > Von, -em < Von, -em, von
7. < seit, zu
8. > nach < nach, -em
9. < seit, -em
10. > zu, -em < Von, -en, von, -em
11. > Seit < Seit, -er
12. > von, zu < Von

A 7-11

2. > Woher kommst du < Vom Zahnarzt
3. > Wo ist Silke < Beim Zahnarzt
4. > Woher hast du dieses gute Brot < Vom Bäcker Müller
5. > Wohin fährt der Bus < Zum Flughafen
6. > Woher kommt der Bus < Vom Flughafen
7. > Wohin rennst du < Zum Bus
8. > Wo ist das Hotel Merkur < Beim Bahnhof
9. > Wohin fahrt ihr < Zum Hotel Merkur
10. > Wohin gehst du < Zur Uni
11. > Wo sind Martin und Claudia < Beim Mittagessen
12. > Woher kommt ihr < Vom Schwimmen

A 7-12

2. mit ihm
3. damit
4. danach
5. davon
6. von ihm
7. damit
8. bei ihr
9. dazu
10. dabei

A 7-13

2. < Aus
3. < Zu, -en, nach
4. < Aus
5. < Nach
6. > von, nach
7. < Zu
8. < Von
9. < Von, -er
10. < Zu

A 7-14 > zu meinen Großeltern nach Deutschland.
> In Lehrte bei Hannover.
> Nein, ich fliege nach Düsseldorf.
< von Düsseldorf nach Lehrte?
> Ich fahre mit dem Zug.
< Wie lange bleibst du bei deinen Großeltern?
> Zwei Wochen. Dann fahre ich nach Österreich.
< Warum nach Österreich?
> Mein Großvater ist aus Österreich und ich habe auch dort viele Verwandte.

A 7-15 1. -em; since
2. -n; for
3. -n; for
4. since

5. -em, -en; for
6. -er; since
7. -em; for
8. -em; since

A 7-16 > -en < -en > -er < -en > -er, -er < -er, -en, -e

A 7-17 > -e, -en, -en < -e, -en, -es, -e, -e, -e, -em, -en, -e

A 7-18 -es, -es, -en, -en, -en, -er, -en, -en, -em, -em, -e, -en, -en, -en, -e, -en

A 7-19 1. Parkhaus
2. 2,10 Meter hoch sein

3. mit Fahrrädern, Skateboards und Rollschuhen fahren
4. „Kein Spielplatz"

A 7-20 1. b
2. a
3. a
4. b

5. b
6. a
7. b
8. b

A 7-21 Liebe Cindy,

Grüße aus der neuen (und alten) Hauptstadt von Deutschland. Wir sind seit einer Woche hier und haben schon viel gesehen. Die Museen sind wunderbar (wundervoll) und das Nachtleben ist echt toll! Das Stadtzentrum schläft eigentlich nie. Gestern Nacht habe ich mit meinen Freunden bis drei Uhr morgens gefeiert. Das nächste Mal schreibe ich dir aus Dresden.

Liebe (Herzliche) Grüße
Yvonne

A 7-22 Lieber Tom,

ich wollte dir seit Monaten schreiben, aber im Moment ist mein Leben so stressig, dass ich einfach keine Zeit hatte. Aber ich habe nicht vergessen, dass du morgen zweiundzwanzig wirst. Herzliche Glückwünsche (Herzlichen Glückwunsch) zum Geburtstag! Gestern habe ich dir eine CD von meiner Lieblingsband geschickt. Hoffentlich gefällt sie dir (magst du sie).

Wie und wo feierst du deinen zweiundzwanzigsten Geburtstag? Wen hast du zu deiner Party (Fete) eingeladen? Es tut mir leid, dass ich mit dir und deinen Freunden nicht feiern kann, aber von Hamburg nach Seattle ist es so weit und der Flug ist zu teuer! Vielleicht sehen wir einander im Frühling (Frühjahr). Meine Firma schickt mich nach Ostern nach Vancouver und von dort sind es nur ein paar (wenige) Kilometer zu dir.

Bis dann!
Helene

Hören und Sprechen

H 7-1   1. e   2. f   3. a   4. c   5. b   6. d

H 7-2
1. x
2. meinen Freundinnen
3. x
4. ihr
5. ihrer Tochter
6. x
7. x
8. uns

H 7-3   **A**   a. 3   b. 2   c. 4   d. 1

   B   e. 8   f. 6   g. 5   h. 7

H 7-4
1. ihr einen Kalender
2. ihm einen Pullover
3. ihnen ein paar Flaschen Wein
4. ihnen zwei Barbiepuppen
5. ihr eine Halskette
6. ihm neue Joggingshorts
7. ihm einen neuen Fahrradhelm

H 7-5
1. es uns
2. sie mir
3. es ihm
4. sie ihnen
5. sie mir
6. ihn ihnen
7. es ihm
8. sie ihr
9. es ihm
10. sie ihr

H 7-6
1. danke
2. gratuliere
3. helfen
4. steht
5. gehört
6. gefällt
7. antworte

H 7-7   a. 2   b. 6   c. 1   d. 3   e. 5   f. 4

H 7-8   1. b   2. b   3. a   4. b   5. a   6. b   7. a   8. b   9. a   10. a

H 7-9
1. Beim
2. Beim
3. Zum, zur
4. Beim
5. Vom
6. Zur, vom (beim)

H 7-10
1. von ihm
2. davon
3. davon
4. mit ihr
5. dazu
6. danach
7. zu ihnen (zu ihr)

H 7-11   **A**   1. Zum   2. Nach   3. zum, zu   4. seit

   B   1. Aus   2. seit   3. von   4. nach

H 7-12
1. älteren
2. japanischen
3. kleinen, größeren
4. halben
5. frischem
6. süßer, dunkler, grünem
7. japanischem
8. kurzen
9. japanischen

H 7-13 a. 5   b. 7   c. 2   d. 10   e. 4   f. 6   g. 1   h. 8   i. 9   j. 3

H 7-14 1. falsch 6. richtig
2. richtig 7. falsch
3. richtig 8. falsch
4. falsch 9. richtig
5. richtig 10. falsch

H 7-15 1. b   2. a   3. a   4. b   5. a   6. b   7. b   8. a   9. b   10. a

Video-Treff

V 7-1 Correct versions for statements that are **falsch** can vary.

1. Richtig
2. Richtig
3. Falsch (Er findet es gut, dass das T-Shirt selbst gemacht ist.)
4. Falsch (Auf dem T-Shirt steht „Ich liebe dich".)
5. Falsch (Er hat das Didgeridoo von einer deutschen Freundin bekommen.)
6. Falsch (Das Instrument kommt von einer Farm.)
7. Richtig

V 7-2 1. b   2. a   3. b   4. a   5. a   6. a   7. b   8. b

V 7-3 Answers will vary.

KAPITEL 8

Arbeitsbuch

A 8-1
1. a. gekauft   b. gehängt
2. a. abgeholt   b. gefahren
3. a. fliegt   b. studiert

4. a. gefunden   b. geschickt
5. a. bist   b. gehst

6. a. parken   b. fahren
7. a. wohnen   b. reisen

A 8-2
1. > Wohin < -e
2. > Wo < -er
3. > Wo < -en, -n
4. > Wohin < -ie

5. > Wo < -em
6. > Wohin < -ie
7. > Wo < -em, -er
8. > Wohin, -ie < -ie

9. > Wohin < -en
10. > Wo, -er < -er, -em
11. > Wo < -er, -er
12. > Wohin < -en

A 8-3
1. > am < ans
2. > ins < am

3. < ins, aufs
4. > am < ans

5. > im < ins
6. > im < aufs

A 8-4
1. < -ie, gehängt, -em, liegt
2. > -ie, hängen < legt, –, -er
3. > Leg, -ie < -ie, gelegt > -er < lege, -en
4. < Steht, -em > -em, -en, gestellt < -en, -en, gestellt
5. > -en, gestellt < steht, -em, -s, gestellt

A 8-5
1. darauf
2. darunter
3. über mir

4. daneben
5. neben ihm
6. darüber

7. dahinter
8. vor mir
9. dazwischen

A 8-6
1. > an, -er < an, -ie, ans
2. > am < im
3. > ans > ins

4. > in, -er < auf, -em, auf, -er > auf, -er < in, -ie, auf, -ie
5. > in, -en < in, -ie, in, -ie
6. > aufs < auf, -em

A 8-7
1. Fr H: Wann, Im; Fr B: am; Fr H: wohin, in; Fr B: in, -ie, in, -er; Fr H: wann; Fr B: Zwischen, -em, -em
2. H H: Wo; H B: in, -er; H H: wann; H B: Am, in, -er
3. Br: vor, -er, in, -ie
4. St: Wann; Fr H: vor, vor, -er, zwischen, -er, -er; St: wann; Fr H: zwischen
5. P: Wann; Cl: Vor, -er

A 8-8
1. < Zwischen, -em, -er
2. < Neben, -em
3. < Vor, -em
4. < In, -er
5. < An, -en

6. < vor, -em
7. < Über, -er
8. < im, auf, -er, unter, -er, am
9. < In, -er
10. < Hinter (Neben), -er

A 8-9   2. Nervt es dich nicht, bei diesem schönen Wetter in der Bibliothek sitzen zu müssen?

3. Macht es dir wirklich Spaß, jeden Morgen joggen zu gehen?

4. Wann fängst du denn endlich an, deine Koffer zu packen?

5. Ich finde es toll, Ferien zu haben und keine Referate mehr schreiben zu müssen.

6. Vergiss nicht, mich heute Abend anzurufen!

7. Hast du Lust, bei uns zu Abend zu essen?

8. Hast du Zeit, heute Nachmittag mit uns schwimmen zu gehen?

9. Hoffentlich hast du nicht vergessen, Ingrid anzurufen.

10. Nervt es dich nicht, jeden Samstag arbeiten zu müssen?

A 8-10   1. c. um nicht einzuschlafen

2. a. um Milch und Brot zu kaufen
   b. um sein Surfbrett auszuprobieren
   c. mein Referat durchzulesen

3. a. seinen Wagen zu verkaufen
   b. um dort ihre Oma zu besuchen
   c. um mir bei meinem Referat zu helfen

4. a. im Studentenheim zu wohnen
   b. um dort ihren Sohn zu besuchen
   c. Frau Wilds Möbel nicht umzustellen

A 8-11   2. Der Motor dieses Wagens ist sehr gut.

3. Sind Frau Meyers Kinder immer so wild?

4. Wie gefällt dir Monikas Jacke?

5. Der Freund meiner Schwester ist Amerikaner.

6. Wir dürfen Frau Wilds Möbel nicht umstellen.

7. Ich finde den Monitor deines Computers viel zu klein.

8. Das Ende dieses Films ist sehr dramatisch.

9. Kennst du Bernds Freundin?

10. Wo ist das neue Haus deiner Eltern?

11. Ich lese die Bücher dieser Autorin sehr gern.

12. Wie findest du Kathrins neue Wohnung?

A 8-12
1. -er, -en	5. -es, -en, -s	8. -er, -en
2. -es, -en, -s	6. -es, -en, -en, -s	9. -es, -en, -s
3. -es, -en, -s	7. -er, -en	10. -es, -en, -s
4. -er, -en		

A 8-13
1. f; -en	4. d; -en, -s
2. a; -en, -s	5. c; -en, -s
3. b; -en, -s	6. e; -en, -s

A 8-14
2. Milky Way	7. streetcar stop	12. main street
3. outdoor restaurant	8. detour	13. road map
4. side street	9. mountain pass	14. one-way street
5. street musician	10. road race	
6. through street	11. expressway	

A 8-15
1. F	5. R	9. F
2. F	6. F	10. R
3. R	7. R	11. F
4. F	8. R	12. R

A 8-16 Mutter kommt in Holgers Zimmer. Holger sitzt vor seinem Fernseher. Mutter sagt: „Holger, ich verstehe dich nicht. Wie kannst du in so einem Schweinestall leben? Deine Kleider liegen auf dem Fußboden. Warum kannst du sie nicht in den Schrank hängen? Deine Bücher liegen auf dem Bett. Bitte stell sie in dein Bücherregal. Und auf der Kommode stehen fünf Coladosen. Habe ich dir nicht gesagt, du sollst deine Coladosen nicht auf die Kommode stellen?!"

A 8-17
1. > Wo wohnt die Freundin deines Bruders?
   < Sie hat eine schöne möblierte Wohnung in der Nähe der Uni (Universität).
2. > Warum willst du aus dieser tollen Wohnung ausziehen?
   < Die Studenten in der Wohnung daneben sind viel zu laut.
3. > Wozu brauchst du meinen Staubsauger?
   < Ich habe es satt, in einer schmutzigen Wohnung zu leben.
4. > Wo geht ihr hin? (Wohin geht ihr?)
   < Wir gehen zu Maria, um ihre CDs anzuhören. Sie hat gerade eine neue Stereoanlage gekauft.
5. > Du hast versprochen, mir eine Geschirrspülmaschine zu kaufen, sobald wir eine Eigentumswohnung haben.
   < Wir haben nicht genug Geld für eine Geschirrspülmaschine. Aber vielleicht kann ich dir eine Mikrowelle kaufen.

Hören und Sprechen

H 8-1
1. Wohnung, nicht möbliert, nicht weit von der Uni, 390
2. Privatzimmer, möbliert, nicht weit von der Uni, 275
3. Wohngemeinschaft, möbliert, weit von der Uni, 280
4. das Privatzimmer
5. Answers will vary.

H 8-2 1. a   2. a   3. b   4. a   5. a   6. b   7. a   8. b   9. b   10. b

H 8-3
1. der Küchentür
2. die Couch (den Sessel)
3. den Schreibtisch
4. der Couch
5. dem Landschaftsbild, dem Picasso (dem Picasso, dem Landschaftsbild)
6. dem Bücherregal
7. den Sessel
8. den Schreibtisch
9. die Couch
10. die Couch

H 8-4
1. stellt
2. Legt
3. stehen
4. Hängt
5. liegt
6. liegt, lege

H 8-5 1. a   2. b   3. a   4. b   5. b   6. a   7. a   8. b   9. b   10. a

H 8-6
1. auf den Markt
2. auf die Bank
3. auf die Post
4. in die USA
5. ins Erzgebirge
6. ans Schwarze Meer
7. ins Kino
8. ans Telefon

H 8-7   1. Zwischen   4. In
2. In   5. Am
3. Vor   6. vor

H 8-8   1. a   2. c   3. b   4. a   5. a   6. b   7. c   8. c   9. b

H 8-9   1. zu essen   5. anzuschauen
2. anzurufen   6. zu Fuß zu gehen
3. spazieren zu gehen   7. schlafen zu gehen
4. umzuziehen

H 8-10   a. 2   b. 6   c. 3   d. 5   e. 1   f. 4

H 8-11   1. Tante   5. Onkel
2. Onkel   6. Kusine
3. Vetter   7. Vater
4. Nichten, Neffen (Neffen, Nichten)

H 8-12   1. meiner alten Großmutter   4. meines verrückten Onkels
2. unseres neuen Mitbewohners   5. eines berühmten Filmstars
3. unserer neuen Nachbarn

H 8-13   1. richtig   5. richtig
2. falsch   6. falsch
3. falsch   7. richtig
4. richtig   8. falsch

H 8-14   1. b   2. a   3. c   4. c   5. b   6. a   7. b   8. c

Video-Treff

V 8-1   1. b   2. b   3. a   4. a   5. b   6. b   7. a   8. b   9. a   10. b

V 8-2   Correct versions for statements that are **falsch** can vary.

1. Falsch (André wohnt mit seiner Freundin Charlie zusammen.)
2. Richtig
3. Falsch (Es gibt zwei weitere Zimmer.)
4. Falsch (Ihm gefällt, dass die Zimmer groß sind.)
5. Falsch (Sie wohnt mit vier anderen Leuten in einer Wohngemeinschaft.)
6. Richtig
7. Richtig
8. Falsch (Maigas WG ist manchmal nicht so sauber.)
9. Falsch (Er wohnt allein in seiner Wohnung.)
10. Richtig

V 8-3   Answers will vary.

KAPITEL 9

Arbeitsbuch

A 9-1
1. Wer ist denn die Frau, a
2. Die Schülerin, c; Der Schüler, a; Die Schüler, b
3. Ich glaube, die Bücher gehören der Studentin, a; Ich glaube, die Bücher gehören dem Studenten, c; Ich glaube, die Bücher gehören den Studenten, b
4. Der Professor, b; Die Professorin, c; Die Professoren, a
5. Wer waren denn die Kinder, a; Wer war denn das Kind, c; Wer waren denn die Leute, a; Wer war denn die Schülerin, b
6. Wer sind denn die Leute, c; Wer ist denn die Frau, a; Wer ist denn das Kind, d; Wer ist denn der Mann, b
7. Wie viel haben wir noch von dem Wein, a; Wie viel haben wir noch von dem Bier, c; Wie viele haben wir noch von den Bananen, b; Wie viel haben wir noch von der Milch, b
8. Der Wagen, c; Das Haus, a; Der CD-Spieler, c; Die Bilder, b

A 9-2   2. den   3. die   4. der   5. den   6. der   7. das   8. den   9. das

A 9-3
1. das hier liegt; die dort steht
2. den Brigitte heiratet; die mein Bruder heiratet; das ich gekauft habe
3. der du die Rosen schickst; dem du beim Lernen hilfst; denen du immer den Rasen mähst
4. den Claudia gekauft hat; der Claudia das Loch gezeigt hat; die Kurt gekauft hat
5. der dich gestern Abend abgeholt hat; den ihr euch heute Abend anschaut; das ich mir letztes Jahr gekauft habe
6. die du mir zum Geburtstag geschenkt hast; denen ich diese E-Mail schreibe; den ich gestern verkauft habe

A 9-4
2. Nachbar
3. Piloten
4. Kollegen
5. Kunden
6. Athleten
7. Jungen, Junge
8. Patient
9. Student, Assistenten
10. Menschen, Touristen

A 9-5
2. > dich, rasiert
3. < ziehen, uns, aus
4. > dich, geschminkt
5. < ziehe, mich, um
6. < sich, schneiden
7. < mich, kämmen

A 9-6
2. Putzt, euch
3. mieten, uns
4. euch, waschen
5. sich, anschauen
6. mir, anhören
7. sich, gekauft
8. suchen, uns
9. euch, aufwärmen
10. machst, dir

A 9-7   mich, angezogen, mir, gemacht, mir, geputzt

mir, geholt, mir, gemacht, mir, machen, mir, aufgewärmt

mir, angehört, mir, gekocht, mich, angezogen, uns, angeschaut

A 9-8   1. < uns, anzurufen

2. > Kennen, sich < uns, kennen gelernt

3. > trefft, euch < uns, zeigen

4. > Schreibt, euch < sehen, uns, wieder

5. > sich, mögen < sich, grüßen

6. > sich, lieben < sich, geküsst

A 9-9   1. Setzt euch dort …

2. Er war wieder mal viel …

3. Weil wir den ganzen Morgen …

4. Sie ist in ihr Zimmer …

5. Ich glaube, es geht …

6. Er ist vorgestern stundenlang …

A 9-10   1. Weil sie sich gestern beim Schwimmen …

2. Weil er sich immer so …

3. Weil du wieder so schlechte …

4. Gleich nach dieser …

5. Weil wir uns beeilen …

6. Weil die Studenten in seiner …

A 9-11   1. < ich mich nicht erkälten will

2. > haben Sie sich denn so verspätet

    < mein Wagen nicht starten wollte

3. > regst du dich denn so auf

    < du mir nicht helfen willst

4. > setzen Sie sich denn nicht

    < ich nur ein paar Minuten Zeit habe

5. > beeilst du dich denn nicht ein bisschen

    < mein Zug erst in einer halben Stunde abfährt

6. > ist Brigitte denn nicht mitgekommen

    < sie sich nicht wohl fühlt

7. > willst du dich bei Frau Meyer nicht entschuldigen

    < ich mich gar nicht schlecht benommen habe

8. > fühle ich mich denn so krank

    < du wieder mal viel zu viel gegessen hast

A 9-12   1. Sie kann ein Paar Weißwürste mit Bauernbrot bestellen.

2. Er bestellt Filetsteak „amerikanisch" mit Pommes frites und jungen Karotten.

3. Answers may vary.

4. Er kann Forelle blau mit Salzkartoffeln, brauner Butter und grünem Salat oder Omelette Champignon mit gemischtem Salat bestellen.

5. Sie bestellt Kalbsschnitzel mit buntem Salatteller.

A 9-13 **Part I**

2. Nach der Suppe …

3. Er trinkt „für sein Geld" auch …

4. Nach dem Essen gibt der Gast dem Wirt …

5. Weil das Geld des Gastes aber nur …

6. Der Gast bleibt aber ganz ruhig …

Part II

8. Er will aber nicht, …

9. Deshalb ruft er nicht die Polizei, …

10. Der Wunsch des Wirtes ist, …

11. Und damit er seine Sache im Goldenen Adler …

12. Dann geht der Gast zur Tür hinaus, …

A 9-14 1. > Warum gehst du mit Einkaufstaschen zum Supermarkt?
    < Weil jede Plastiktasche, die man dort bekommt, fünfzehn Cent kostet.

2. > Hast du das Rezept, das ich dir gegeben habe, ausprobiert? (Hast du das Rezept ausprobiert, das ich dir gegeben habe?)
    < Klar! Die Knödel waren echt lecker.

3. > Warum essen wir nicht in dem Gasthaus, das dein Bruder so gut findet?
    < Weil das einzige wirklich gute Hauptgericht dort über zwanzig Euro kostet.

4. > Manchmal ist es fast unmöglich, zu den Touristen, die hier einkaufen, freundlich zu sein.
    < Da haben Sie recht. Aber bitte vergessen Sie nicht, trotzdem höflich zu sein.

5. > Kennen Sie diesen Jungen, Frau Koch?
    < Ja, er ist der Sohn unserer neuen Nachbarn.

A 9-15 1. > Warum ziehst du dich um? Gehst du mit Maria tanzen?
    < Nein, wir wollen uns den neuesten Film von Steven Spielberg anschauen.

2. > Warum ziehst du dich nicht an, Stefan?
    < Weil ich mich (zu)erst waschen und rasieren muss.

3. > Darf ich mir ein Brot machen, Mutti?
    < Ja, aber (zu)erst musst du dir die Hände waschen.

4. > Wie haben dein Bruder und seine Frau sich kennen gelernt?
    < David war Verkäufer in einem Computergeschäft und Lisa hat ihren ersten Computer dort gekauft.

5. > Warum beeilst du dich (denn) nicht? Du weißt (doch), dass wir uns nicht verspäten dürfen.
    < Ich mache so schnell wie möglich, aber mein Ohrring ist gerade hinter die Kommode gefallen.

6. > Warum hast du mir nicht gesagt, dass deine Zensuren so schlecht sind?
    < Damit du dich nicht aufregst.

Hören und Sprechen

H 9-1 1. c   2. a   3. b   4. e   5. f   6. d   7. i   8. h   9. g

H 9-2 1. a   2. c   3. b   4. e   5. d   6. a   7. b   8. d   9. c   10. e

H 9-3 a. 9   b. 3   c. 7   d. 1   e. 10   f. 4   g. 6   h. 8   i. 5   j. 2

H 9-4
1. der Typ, den
2. der Mann, dem
3. die Schülerin, der
4. die Frau, die
5. das Kind, das
6. das Mädchen, dem
7. die Leute, denen
8. die Leute, die

H 9-5
1. den Mann, der
2. der Mann, den
3. den Mann, dem
4. die Dame, die
5. die Dame, die
6. die Dame, der
7. das junge Paar, das
8. das junge Paar, das
9. das junge Paar, dem
10. die beiden alten Leute, die
11. die beiden alten Leute, die
12. die beiden alten Leute, denen

H 9-6 1. c   2. a   3. b   4. b   5. a   6. b   7. a   8. b

H 9-7 a. 2   b. 4   c. 3   d. 5   e. 1

H 9-8 1. a 2. b 3. b 4. a 5. a 6. b 7. b 8. b 9. a 10. a

H 9-9 1. a 2. a 3. b 4. a 5. a 6. b 7. b 8. b 9. b 10. a

H 9-10 a. 4 b. 5 c. 6 d. 3 e. 1 f. 2 g. 7

H 9-11 a. 6 b. 4 c. 2 d. 3 e. 1 f. 5

H 9-12 a. 6 b. 4 c. 2 d. 1 e. 7 f. 5 g. 3

H 9-13
1. Adam
2. Tina
3. Adam
4. Tina
5. Tina
6. Tina
7. Adam
8. Tina
9. Adam
10. Adam

H 9-14
1. Tante, Onkel
2. Kuchen (Apfelkuchen)
3. spazieren (spazieren gehen)
4. Abend
5. kochen
6. Bäcker, Fleischer
7. Mutter
8. Urlaubsvideo

H 9-15 1. b 2. a 3. a 4. b 5. a 6. b 7. b 8. a 9. a 10. b 11. a
12. b 13. a 14. b

Video-Treff

V 9-1 Correct versions for statements that are **falsch** can vary.
1. Richtig
2. Falsch (Eine Waffel kostet zwei Euro.)
3. Falsch (Maiga kocht zu Hause.)
4. Richtig
5. Richtig
6. Falsch (Das Restaurant ist das ganze Jahr geöffnet.)
7. Falsch (Er isst am liebsten Salate mit Putenfleisch.)
8. Richtig
9. Richtig
10. Falsch (Sie trinkt abends am liebsten Wein.)

V 9-2
1. Stefan Meister
2. Stefan Kuhlmann
3. Ursula
4. Stefan Kuhlmann
5. Ursula
6. Øcsi
7. Stefan Meister
8. Ursula
9. Stefan Meister
10. Ursula

V 9-3 Answers will vary.

Arbeitsbuch

A 10-1 reisten, besuchten, erzählte
übernachteten, machten, badeten, bestellte, bezahlte
regnete, kochte, öffnete, spielten, hörten, diskutierten
packten, bestellten, reisen

A 10-2 trug, liefen, sangen, fraßen
stand, begannen, rief, sprang, sprach

A 10-3 holte, aß, trank
telefonierte, redeten, schrieb, lernte, ging

A 10-4 fuhren, trafen, saß, las, badete
gingen, aßen, tranken, nahmen, tanzten

A 10-5 schaute, an, schlief, ein
aufwachte, holten, ab, fuhren, hinein, abfuhr
abfuhr, fing, an, hörte, auf, hineinfuhren
ankamen, umzogen, saßen, zusammen

A 10-6 kannte, erkannte, dachte, mitgebracht, rannte

A 10-7

INFINITIVE	IRR. PRESENT	SIMPLE PAST	PAST PARTICIPLE
schreiben			hat geschrieben
finden		fand	
helfen		half	hat geholfen
waschen	wäscht	wusch	
		blieb	ist geblieben
		flog	ist geflogen
lesen	liest	las	
wissen		wusste	hat gewusst
bringen			hat gebracht
essen		aß	hat gegessen
gehen		ging	
	fährt	fuhr	ist gefahren
geben	gibt		hat gegeben
heißen		hieß	
	nimmt	nahm	hat genommen
kennen		kannte	
vergessen	vergisst		hat vergessen
tragen	trägt		hat getragen

schlafen	schläft	schlief	
		trank	hat getrunken
werden		wurde	ist geworden
lügen			hat gelogen
		verstand	hat verstanden
	spricht	sprach	hat gesprochen
kommen			ist gekommen

A 10-8
1. a. wann   b. Als   c. Wenn   4. a. Wenn   b. Als   c. wann
2. a. Wenn   b. Wann   c. Als   5. a. Wenn   b. Als   c. Wann
3. a. wenn   b. Als   c. wann   6. a. Wann   b. wenn   c. als

A 10-9
als, Wann, Wenn, Wenn, wenn
als, Als, wann, wenn, als
als, als, wenn, Als, wenn

A 10-10
2. bei der   5. für das   7. in denen
3. für die   6. mit dem   8. in der
4. unter dem

A 10-11
2. den, denen   6. dem, dem   9. dem
3. dem   7. das, dem   10. denen
4. denen, denen, denen   8. den   11. der
5. die, die

A 10-12
-es, -en
-e, -e, -en, -es, -er, -es, -en, -en, -en, -en, -en
-e, -en, -e, -e, -es, -en, -en, -e, -en
-e, -en, -e, -en, -er, -en, -es, -en

A 10-13
2. blondem   6. rote (gelbe), gelbe (rote)   10. kalte
3. starker   7. regnerisches   11. großes, netten
4. interessante   8. Viele, schwere   12. Wollene, heißem
5. kleine   9. schönem

A 10-14   schicker, wunderbaren, großes, moderne, große, schattige, brandneue, für

A 10-15
1. R   5. R   9. R
2. F   6. R   10. F
3. F   7. F   11. F
4. R   8. R   12. R

A 10-16   Letztes Jahr war ich den ganzen Sommer in Deutschland. Ich wohnte bei einem Onkel, der eine Bäckerei hat und für den ich auch arbeitete. Es war schwere Arbeit, denn ich musste um vier aufstehen, damit die Leute im Dorf frische Brötchen zum Frühstück hatten. Aber die Bezahlung war gut und nach ein paar Wochen kaufte ich mir ein altes, aber gutes Auto (einen alten, aber guten Wagen). An den Wochenenden machte ich dann viele interessante Reisen.

A 10-17

1. > Wann fliegst du in die Schweiz?

   < Wenn die Flüge ein bisschen billiger sind.

2. > Ist das das Haus, in dem du als Kind gewohnt hast?

   < Ja. Als ich klein war, dachte ich immer: „Was für ein großes Haus!" Und jetzt sieht es so klein aus.

3. > Kannst du mir ein gutes Restaurant (Gasthaus) empfehlen?

   < Warum gehst du nicht zum (in den) „Grünen Garten"? Dort bekommt man immer große, saftige Steaks, frisches Gemüse und einen leckeren Nachtisch.

4. > Wie groß ist deine neue Wohnung, Kirsten?

   < Ich habe ein großes, helles Wohnzimmer mit einem Balkon, ein kleines Schlafzimmer und eine winzige Küche.

5. > Was soll ich anziehen? Meinen grauen Pulli (Pullover) oder meine blaue Jacke?

   < Mir gefällt dein grauer Pulli (Pullover) besser.

Hören und Sprechen

H 10-1 a. 11   b. 4   c. 8   d. 9   e. 1   f. 5   g. 10   h. 6   i. 7   j. 3   k. 2

H 10-2
1. arbeitet
2. sieht
3. hat
4. fragt
5. antwortet
6. gibt
7. galoppiert
8. versteckt
9. reitet
10. geht

H 10-3
1. hatte
2. gab
3. musste
4. erzählte
5. kamen, wollten
6. war
7. arbeitete
8. war
9. gab
10. musste

H 10-4   fuhr, blieb; wurde, konnte; fand; öffnete, kam; schrie

hatte; dachte; kam; wusste; rief; schrie; rief, war; machte, fuhr; brachte; rannte, erzählte

H 10-5
1. hatte
2. getrunken
3. brachte
4. sieht
5. gegessen
6. antwortete
7. nahm
8. gegangen
9. dachte
10. fährt
11. wusste
12. gab
13. gemacht
14. kannte

H 10-6 1. a   2. a   3. a   4. b   5. a   6. a   7. a   8. a   9. b

H 10-7
1. VW, mit, dem
2. Mann, durch, den
3. Bauer, bei, dem
4. Pony, auf, dem
5. Hund, mit, dem
6. Schiff, auf, dem
7. Haus, in, dem
8. Freunde, bei, denen
9. Teenager, mit, denen

H 10-8 1. kleine
2. schönen
3. vielen
4. großen
5. unfreundliche
6. schnellen
7. kurzen
8. langen, klugen
9. langen
10. dumme
11. schöne, große

H 10-9 1. x, -er
2. x, -es
3. x, -es
4. -e, -e
5. x, -es
6. -en, -en
7. -e, -en
8. -er, -en
9. -er, -en

H 10-10 1. dunkles, hartes (hartes, dunkles)
2. große
3. scharfe
4. winzige
5. trockener
6. starken
7. unfreundliche

H 10-11 1. falsch
2. falsch
3. richtig
4. richtig
5. falsch
6. falsch
7. richtig
8. richtig
9. richtig
10. falsch

H 10-12 1. a   2. b   3. b   4. a   5. b   6. a   7. b   8. b   9. b   10. a   11. b   12. a
13. b   14. b

Video-Treff

V 10-1 Correct versions for statements that are **falsch** can vary.

1. Falsch (Sie kauft sich jeden Monat eine Frauenzeitschrift.)
2. Richtig
3. Richtig
4. Falsch (Sie findet dort interessante Rezepte.)
5. Richtig
6. Falsch (Er liest gerade eine Fantasiegeschichte.)
7. Falsch (Das Buch ist sehr lang.)
8. Richtig
9. Richtig
10. Falsch (Es ist von einem amerikanischen Autor.)

V 10-2 1. a   2. a   3. b   4. b   5. a   6. b   7. a   8. a   9. a   10. b

V 10-3 Answers will vary.

KAPITEL 11

Arbeitsbuch

A 11-1 2. < er dort gut bezahlt wird
3. < sie gerade renoviert wird
4. < die Geschäfte erst um halb zehn geöffnet werden

5. < sein neuestes Buch so viel gekauft wird
6. < ihr Büro frisch gestrichen wird
7. < ich in einer Minute abgeholt werde
8. < immer mehr Fabriken automatisiert werden

A 11-2 2. Ihr Wagen wird gerade repariert, Frau Schmidt.
3. Warum wird mein Zimmer nie geputzt?
4. Wirst du gut bezahlt?

5. Warum werde ich nie eingeladen?
6. Wird diese Zeitung viel gelesen?
7. Dieser Computer wird viel gekauft.
8. Hoffentlich wird dein Pass bald gefunden.
9. Wann wirst du abgeholt?

A 11-3 2. < das Haus wurde verkauft
3. < Sie wurden für dich gebracht
4. < das arme Tier wurde überfahren
5. < sein Fahrrad wurde gestohlen

6. < Sie wurde nie gegossen
7. < ich so schlecht bezahlt wurde
8. < wurde Amerika entdeckt

A 11-4 2. Gestern wurde unser Hund überfahren.
3. Warum wurde dieser Mann verhaftet?
4. Weißt du schon, dass Peters Fahrrad gestohlen wurde?
5. Wurde deine Geldtasche gefunden?
6. Warum wurden wir nicht eingeladen?
7. Warum wurdet ihr denn gleich wieder nach Hause geschickt?
8. Wann wurde Amerika entdeckt?
9. Über die Entdeckung Amerikas wurden viele Bücher geschrieben.
10. Die Märchen der Brüder Grimm wurden in über 140 Sprachen übersetzt.

A 11-5 1. b. Die Großmutter und Rotkäppchen wurden von einem bösen Wolf aufgefressen.
c. Die Großmutter und Rotkäppchen wurden von einem Jäger wieder aus dem Bauch des Wolfs herausgeholt.
2. a. Hänsel und Gretel wurden von den Eltern ganz allein im Wald gelassen.
b. Dort wurden sie von einer bösen Hexe gefangen.
c. Hänsel wurde von der Hexe in einen kleinen Stall gesteckt.
d. In diesem Stall wurde er von ihr schön fett gemacht.
e. Hänsel wurde von der Hexe fast geschlachtet und gefressen.
f. Gott sei Dank wurde er von seiner Schwester im letzten Moment gerettet.

A 11-6 A.

gemischt, *mixed*
gegrillt, *grilled*
gepresst, *pressed*

geröstet, *roasted*
gebacken, *baked*

gemischt-, gebacken-, gepresst-, geröstet-, gegrillt-

B.

gepflanzt, *planted*
gebraut, *brewed*
gebacken, *baked*

gemalt, *drawn (painted)*
gebaut, *built*

gebacken-, gepflanzt-, gebraut-, genäht-, gebaut-, gemalt-

A 11-7   2. gebacken-
3. gepresst-
4. versprochen-

5. gepackt-
6. gewaschen-
7. angefangen-

8. möbliert-
9. gebaut-
10. verdient-

A 11-8   1. Weil ich mich für Technik …
2. Weil Günter bestimmt auch dort …
3. Weil er es erst nächste Woche …
4. Weil sie immer nur von …

5. Weil ich Angst habe, dass …
6. Weil wir auf Martina …
7. Weil er von morgens bis abends …

A 11-9   1. Ich glaube, sie hat Angst …
2. Dass er Amerika …
3. Weil er nicht auf mich gewartet …
4. Weil ich den ganzen Sommer …

5. Sie hat es mir gesagt.
6. Weil er immer von dir …
7. Weil ich nicht genug …

A 11-10   2. mich, in, -e, verliebt
3. ärgere, mich, über, -ie
4. mich, über, -as, aufregen
5. freue, mich, auf, -en

6. an, -ie, denke
7. uns, für, interessieren
8. von, -en, erzählen

A 11-11   3. > In wen < -en
4. > Woran < -em
5. > Von wem < -er
6. > Worauf < -en
7. > Auf wen < -en

8. > Worüber < -e
9. > Vor wem < -en
10. > Woran < -en
11. > An wen < -en
12. > Wofür < -e

A 11-12   2. mich, über, -as, > worüber, mich, aufrege < Worüber > Über das schlechte Essen
3. sich, in, -e, > in wen, sich, verliebt, hat < In wen > In seine zweite Frau
4. vor, -er > wovor, Angst, hat < Wovor > Vor der Landung
5. sich, für > wofür, sich, interessieren < Wofür > Für die Kulturen exotischer Länder
6. von > von wem, kenne < Von wem > Von Frau Vogt

A 11-13   1. schüttete er oft ein bisschen Suppe …   4. kaufte die junge Frau ihm ein …
              2. ekelten sich sein Sohn und …   5. begann er, ein hölzernes …
              3. sah er oft betrübt nach dem Tisch …   6. mussten sie weinen, und holten …

A 11-14   Im Jahr 1961 wurde die Berliner Mauer gebaut, eine Mauer, die die Stadt in Ostberlin und Westberlin teilte. Nach achtundzwanzig Jahren, am 9. November 1989, wurde die Mauer, die Ostdeutsche und Westdeutsche trennte, wieder geöffnet. Für die Berliner und für alle Deutschen war es ein historischer Tag.

A 11-15   1. > Wer ist die elegant gekleidete Frau dort?
                  < Das ist die Frau des ehemaligen Bundeskanzlers.
              2. > Interessierst du dich für moderne Musik?
                  < Nein, ich höre lieber klassische Musik. Bach ist mein Lieblingskomponist.
              3. > Was machst du in den Ferien?
                  < Mein Freund und ich planen eine Radtour an die (zur) Küste. Wir freuen uns sehr darauf.
              4. > Warum gehst du nicht in den Garten? Wovor hast du Angst?
                  < Ich habe Angst vor dem Hund unseres Nachbarn.
              5. > Wer ist der Typ, in den sich Maria verliebt hat?
                  < Er ist ein kanadischer Austauschstudent aus Ontario.
              6. > Warum ärgerst du dich immer über deine Freundin?
                  < Weil sie so dickköpfig ist. Manchmal verstehe ich sie überhaupt (gar) nicht.

Hören und Sprechen

H 11-1   a. 5   b. 6   c. 10   d. 4   e. 1   f. 11   g. 8   h. 3   i. 9   j. 2   k. 7

H 11-2   1. werden, gegessen   5. wird, gelernt
             2. wird, getrunken   6. wird, aufgeräumt
             3. wird, gemacht   7. werden, geraucht
             4. wird, getrunken

H 11-3   1. bezahlt wurde   5. renoviert wurde
             2. operiert wurde   6. beschrieben wurde
             3. verschoben wurde   7. geweckt wurde
             4. benutzt wurde   8. übersetzt wurden

H 11-4   a. 3   b. 2   c. 8   d. 7   e. 1   f. 5   g. 6   h. 4

H 11-5   1. einer Nachbarin   4. einem Neonazi
             2. einem Nachbarsjungen   5. Terroristen
             3. einer Kollegin

H 11-6   1. gebügeltes   4. gegrilltes
             2. gepressten   5. gebackenen
             3. gekochter

H 11-7   1. besetztes   2. zerstörte   3. geteilte   4. blockierten

H 11-8   **A** a. 3   b. 4   c. 2   d. 6   e. 1   f. 5
             B g. 11   h. 10   i. 9   j. 12   k. 7   l. 8

H 11-9   **A** a. 6   b. 3   c. 4   d. 5   e. 1   f. 2
             B g. 11   h. 8   i. 9   j. 12   k. 10   l. 7

H 11-10   1. richtig   5. richtig
              2. falsch   6. falsch
              3. richtig   7. richtig
              4. falsch   8. falsch

H 11-11   1. b   2. a   3. b   4. a   5. a   6. b   7. b   8. a

H 11-12   1. a   2. b   3. b   4. a   5. b   6. a   7. a   8. a

H 11-13   1. b   2. a   3. b   4. a   5. a   6. b   7. b   8. a

Video-Treff

V 11-1   Correct versions for statements that are **falsch** can vary.

1. Richtig
2. Falsch (Die Eastside Gallery ist ein Stück der Berliner Mauer.)
3. Richtig
4. Richtig
5. Falsch (Sie konnte auch unter Freunden nicht sagen, was sie dachte.)
6. Falsch (Susann hat nicht so lang in der DDR gelebt wie Ines.)
7. Richtig
8. Richtig

V 11-2   1. Ines   5. Susann
             2. Susann   6. Susann
             3. Ines   7. Ines
             4. Thomas   8. Thomas

V 11-3   Answers will vary.

Arbeitsbuch

A 12-1 2. Wenn Sylvia nur nicht so unordentlich wäre!

3. Wenn sie nur nicht so doofe Freunde hätte!

4. Wenn sie nur ihre Hausaufgaben ohne meine Hilfe machen könnte!

5. Wenn ich nur nicht alle ihre Referate schreiben müsste!

6. Wenn sie nur nicht immer so wütend würde, wenn ich mal keine Zeit für sie habe!

7. Wenn sie nur nicht immer mein Fahrrad leihen wollte!

8. Wenn ich nur nein sagen könnte!

A 12-2 1. b. müsste c. könnte

2. a. hätte b. könnte c. wüsste

3. a. wäre b. würde c. dürften

4. a. hätte b. wäre c. wollte d. wüsste

A 12-3 1. würden Sie sich auch aufregen.

2. würde ich mir gleich ein Klavier kaufen.

3. würde ich nicht Auto fahren.

4. würde ich mir einen Ferienjob suchen.

5. würden Sie sich auch freuen.

A 12-4 1. würdest du auch immer in der Mensa essen.

2. würdest du auch den ganzen Tag in der Bibliothek sitzen.

3. würdest du auch im Bett bleiben.

4. würdest du auch so schnell wie möglich Deutsch lernen wollen.

5. würdest du dir auch einen Taschenrechner kaufen.

A 12-5 2. < hätte, würde, aufstehen

3. < benehmen, würde, würden, einladen

4. < wüsste, würde, anrufen

5. < wäre, würden, nehmen

6. < hätte, würde, besuchen

7. < müsste, würde, trinken

8. < wäre, würde, lernen

9. < könnte, würde, mieten

A 12-6 2. Dürfte ich

3. Könntest du

4. Könnten Sie

5. Müsstest du

6. Hättest du

7. Wüssten Sie

A 12-7 2. Wenn ich nur nicht so lange geblieben wäre!

3. Wenn ich nur nicht so viel Wein getrunken hätte!

4. Wenn ich nur nicht erst um drei Uhr morgens nach Hause gekommen wäre!

5. Wenn ich nur meinen Wecker gehört hätte!

6. Wenn der 8-Uhr-Bus mir nur nicht vor der Nase weggefahren wäre!

7. Wenn ich nur nicht eine Viertelstunde zu spät zu dieser wichtigen Klausur gekommen wäre!

8. Wenn ich nur meine Notizen gestern noch mal durchgelesen hätte!

9. Wenn Professor Weber nur nicht so komplizierte Fragen gestellt hätte!

A 12-8 3. Wenn ich nicht so krank gewesen wäre, hätte ich die Klausur geschrieben.
4. Wenn Kurt genug Geld gehabt hätte, hätte er einen Sportwagen gekauft.
5. Wenn ich Hunger gehabt hätte, wäre ich mit euch essen gegangen.
6. Wenn es nicht so kalt gewesen wäre, wären wir schwimmen gegangen.
7. Wenn du zu Hause gewesen wärest (wärst), hätte ich dich besucht.
8. Wenn ich deine Telefonnummer gehabt hätte, hätte ich dich angerufen.
9. Wenn es nicht so heiß gewesen wäre, hätten wir Tennis gespielt.
10. Wenn ich Zeit gehabt hätte, hätte ich dir geholfen.

A 12-9 2. gewesen wäre, wären wir nicht schon nach einer Stunde wieder nach Hause gegangen
3. gehabt hätte, hätte er den Computer bekommen
4. gewesen wäre, hätte ich Professor Webers Vorlesung verstanden
5. getrunken hätte, hätte er sich nicht so schlecht benommen
6. gehabt hätte, hätte sie das Fahrrad gekauft
7. gewesen wäre, wären wir nicht zum Starnberger See gefahren

A 12-10 1. -er
2. -er, -en, -es, -en, -s
3. -er, -en, -er, -en
4. -er, -en, -er, -en

A 12-11 1. < während, -es, -es
2. < Wegen, -er
3. > statt, -er
4. < trotz, -er
5. < Wegen, -er
6. < während, -er
7. < statt, -es, -s
8. < trotz, -es, -s

A 12-12 1. dessen
2. deren
3. dessen
4. deren
5. deren
6. dessen
7. deren
8. dessen
9. deren
10. deren

A 12-13 herrlich = wunderbar
immer = ewig
sehr groß = riesig
öffnen = aufmachen
eine Menge = viel
die Klamotten = die Kleider
schließlich = endlich
begreifen = verstehen
froh = glücklich
die Erzählung = die Geschichte
bereits = schon
das stimmt = das ist richtig

defekt = kaputt
kriegen = bekommen
bloß = nur
klug = intelligent
sofort = gleich
ein Paar = zwei
das Meer = der Ozean
plötzlich = auf einmal
gucken = schauen
zerstören = kaputtmachen
gar nicht = überhaupt nicht
der Lohn = die Bezahlung

A 12-14 A
1. hätten die Bauern ein viel …
2. wäre er ihm nicht …
3. dass er seinen letzten Taler …
4. hätte er dem Bauern die hundert …
5. der Heilige Alphonsus würde …

B
1. wäre der Soldat nicht auf die …
2. musste er mit dem Soldaten …
3. sahen sie wie die frömmsten …
4. der hölzerne Heilige hätte ihm …
5. hätte der Bauer seine hundert Taler …

A 12-15 Wenn ich mehr Geld hätte, würde ich nach Berlin fliegen. Ich würde zum Checkpoint Charlie gehen, wo vor ein paar Jahren die Mauer stand. Ich würde an Erich Honecker, den Staatschef der ehemaligen DDR denken. Kurz vor der Wiedervereinigung von Deutschland sagte er: „Diese Mauer steht noch in hundert Jahren." Ich würde auch an Präsident Kennedy denken, der in einer Rede vor dem Rathaus in Schöneberg sagte: „Ich bin ein Berliner."

A 12-16 1. > Wäre es möglich, eine heiße Suppe statt des Salats zu bekommen?˘
   < Natürlich! Und hätten Sie auch gern (möchten Sie auch) ein Brötchen zu Ihrer Suppe?
2. > Weißt du, was ein Witwer ist?
   < Klar! (Natürlich!) Das ist ein Mann, dessen Frau gestorben ist.
3. > Haben Sie das Fernsehprogramm über Frauen in der Politik gesehen?
   < Leider nicht. Ich sehe während der Woche sehr wenig fern.

A 12-17 Wenn du nicht die ganze Milch getrunken hättest, wäre ich nicht zum Supermarkt gefahren. Wenn ich nicht zum Supermarkt gefahren wäre, hätte ich keinen Unfall gehabt. Wenn ich keinen Unfall gehabt hätte, würde ich jetzt nicht hier im Krankenhaus liegen. Also ist alles deine Schuld!

Hören und Sprechen

H 12-1 a. 3   b. 6   c. 1   d. 8   e. 7   f. 4   g. 5   h. 2

H 12-2
1. könnte
2. müsste
3. wäre
4. hätte
5. hätte, dürfte
6. wüsste
7. könnte

H 12-3 a. 3   b. 4   c. 6   d. 1   e. 2   f. 7   g. 5

H 12-4 a. 6   b. 10   c. 7   d. 8   e. 3   f. 1   g. 5   h. 4   i. 2   j. 9

H 12-5 Answers will vary.

H 12-6
1. Hättest
2. Dürften
3. Könnten
4. Wüssten
5. Dürfte
6. Hätten
7. Müsstest
8. Dürfte
9. Wären
10. Dürfte

H 12-7 a. 6 b. 3 c. 4 d. 8 e. 5 f. 2 g. 7 h. 1

H 12-8
1. getrunken hätte
2. gegessen hätte
3. benommen hätte
4. heimgekommen wäre
5. gegangen wäre
6. ferngesehen hätte
7. aufgestanden wäre
8. gekriegt hätte
9. gekommen wäre
10. mitgeschrieben hätte

H 12-9 a. 5 b. 7 c. 4 d. 3 e. 1 f. 8 g. 2 h. 6

H 12-10 1. a 2. b 3. b 4. b 5. a 6. b 7. b 8. a

H 12-11
1. richtig
2. richtig
3. falsch
4. falsch
5. richtig
6. falsch
7. falsch
8. richtig

H 12-12 1. 3 2. 2 3. 5 4. 2 5. 4 6. 2 7. 1 8. 2

Video-Treff

V 12-1 1. a 2. a 3. a 4. a 5. a 6. b 7. a

V 12-2 Correct versions for statements that are **falsch** can vary.

1. Falsch (Sie würde sich ein Haus, ein Auto and Klamotten kaufen.)
2. Richtig
3. Richtig
4. Richtig
5. Falsch (Er hat keine Ahnung, wie er so viel Geld ausgeben könnte.)
6. Richtig
7. Richtig
8. Falsch (Er würde ein bisschen sparen.)
9. Falsch (Er würde eine Wohnung in Berlin, in New York und in Melbourne kaufen.)
10. Falsch (Die Idee ist ihm gerade gekommen.)

V 12-3 Answers will vary.